TRABA LHADORES NÃO PRECISAM SER POBRES

EDUCAÇÃO FINANCEIRA
TRANSFORMA VIDAS

▶▶▶▶▶▶▶▶▶▶▶▶▶

Este livro é um projeto literário da Abefin (Associação Brasileira de Educadores Financeiros), com apoio da DSOP Educação Financeira.

Presidente | PhD Reinaldo Domingos
Autores | Andreza Stanoski
Bruno Chacon
Denilda da Silva
Eduardo M. R. Filho
Ione Marinho
Irismar Tavares da Silva
Mara Roberta Neves
Patrícia Boscariol
Ricardo Natali
Ranio Gamita
Zilda Silva
Coordenadoras editoriais | Christine Baptista e Renata de Sá
Diagramadora | Beatrice Jacob
Organizador da obra | mentor PhD Reinaldo Domingos
Revisor artístico | Edilson Menezes
Revisor | Daniel Febba

DADOS INTERNACIONAIS DE CATALOGAÇÃO NA PUBLICAÇÃO (CIP)
(CÂMARA BRASILEIRA DO LIVRO, SP, BRASIL)

Trabalhadores não precisam ser pobres | Organização: Reinaldo Domingos
São Paulo : Editora DSOP, 2019.

Vários autores.
ISBN 978-85-8276-339-1

1. Economia 2. Educação - Finanças 3. Finanças pessoais
I. Domingos, Reinaldo

19-27803 CDD-332.024

ÍNDICES PARA CATÁLOGO SISTEMÁTICO:
1. Finanças pessoais : Educação Financeira : Economia 332.02401

Iolanda Rodrigues Biode - Bibliotecária - CRB-8/10014

"A EDUCAÇÃO FINANCEIRA É UMA CIÊNCIA HUMANA QUE BUSCA A AUTONOMIA FINANCEIRA, FUNDAMENTADA POR UMA METODOLOGIA BASEADA NO COMPORTAMENTO, OBJETIVANDO A CONSTRUÇÃO DE UM MODELO MENTAL QUE PROMOVA A SUSTENTABILIDADE, CRIE HÁBITOS SAUDÁVEIS E PROPORCIONE O EQUILÍBRIO ENTRE O SER, O FAZER E O TER, COM ESCOLHAS CONSCIENTES PARA A REALIZAÇÃO DE SONHOS."

PhD Reinaldo Domingos

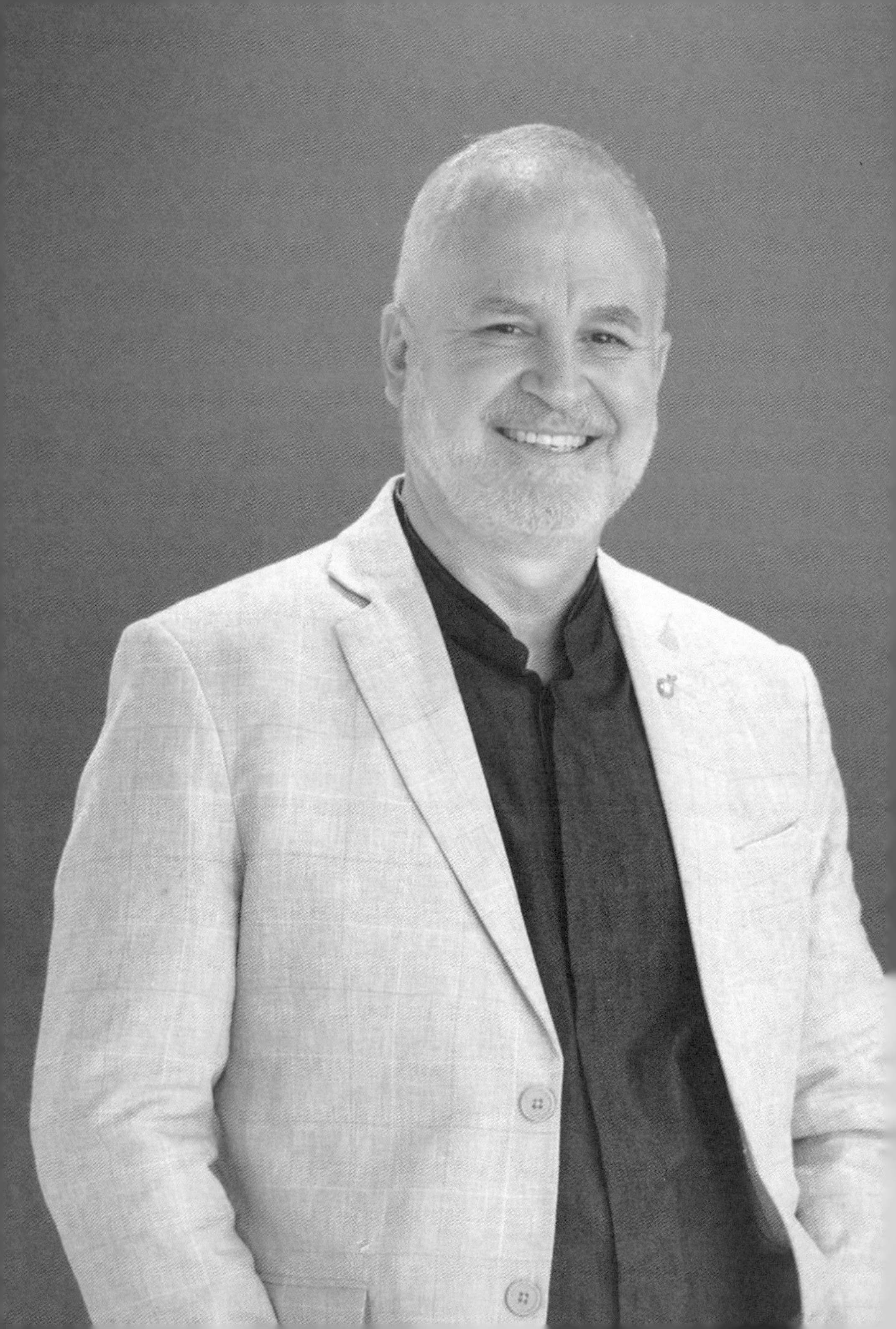

PhD REINALDO DOMINGOS

Reinaldo Domingos é PhD em educação financeira com a tese sobre a **Metodologia DSOP**. Educador e terapeuta financeiro, idealizador e orientador da Coleção Abefin, é autor do *long-seller Terapia financeira* e de diversos livros voltados para os públicos adulto, juvenil e infantil, entre eles duas coleções didáticas de educação financeira para o Ensino Básico do país, adotadas por diversas escolas públicas e privadas. Escreveu também a Coleção dos Sonhos para Educação Financeira e os mais novos lançamentos da Editora DSOP, o livro *Empreender vitorioso – Com sonhos e lucro em primeiro lugar* e *Nome sujo pode ser a solução*. Reinaldo também criou a primeira pós-graduação, mestrado e doutorado em educação financeira (presencial e EAD) do Brasil. É o idealizador da primeira franquia de educação financeira no Brasil. Em seu canal do YouTube, *Dinheiro à Vista*, fala semanalmente sobre educação financeira.

Estar pobre ou não é um estado do SER. Para tanto, como seres humanos que somos, necessitamos de motivos que nos impulsionem a buscar os nossos propósitos e sonhos.

Ao falar de trabalho e dinheiro, referimo-nos a um meio para conquistar aquilo que desejamos, que, de fato, viemos fazer na Terra. Mas seria esse o pensamento dos trabalhadores? A resposta, você encontrará nesta obra construída por onze profissionais da educação financeira, membros da Abefin - Associação Brasileira de Educadores Financeiros, com base na **Metodologia DSOP**.

Você vai ler, além de orientações e métodos, relatos que o levarão em direção às mais profundas reflexões. Lembre-se: você, eu e todos nós somos protagonistas de nossas histórias, assim como os autores deste livro.

Nossos antepassados não tiveram a oportunidade de aprender sobre educação financeira, tampouco nós fomos apresentados a ela. Por isso, quero apresentar o conceito de educação financeira academicamente validado, que vivenciei em minha história de vida.

"A educação financeira é uma ciência humana que busca a autonomia financeira, fundamentada por uma metodologia baseada no comportamento, objetivando a construção de um modelo mental que promova a sustentabilidade, crie hábitos saudáveis e proporcione o equilíbrio entre o SER, o FAZER e o TER, com escolhas conscientes para a realização de sonhos."

Leia esta obra atentamente e, se possível, faça-o uma segunda vez. O ciclo da educação só se conclui quando aprendemos, praticamos e repassamos o conhecimento adquirido. Esse é o espírito dos líderes empreendedores da educação financeira. Um dia, eles aprenderam com um mentor, praticaram seus ensinamentos e, agora, compartilham o conhecimento com você.

Abraços fraternos,
PhD Reinaldo Domingos

09 | REINALDO DOMINGOS
APRESENTAÇÃO

12 | IONE MARINHO
ENCONTRE ALGO CAPAZ DE GERAR UMA EXPECTATIVA POSITIVA

28 | DENILDA DA SILVA
QUANTO VOCÊ GANHA NÃO DEFINE O VALOR DAS SUAS CONQUISTAS

46 | MARA ROBERTA NEVES
A POBREZA É UMA FOTO MOMENTÂNEA QUE NÃO MERECE PORTA-RETRATO

64 | RICARDO NATALI
APAIXONE-SE POR INVESTIMENTOS E NÃO POR DÍVIDAS

82 | PATRÍCIA BOSCARIOL
TODO DOM É MELHOR EXERCIDO COM A EDUCAÇÃO FINANCEIRA

100 | IRISMAR TAVARES DA SILVA
MARLI: DE ENDIVIDADA A INVESTIDORA

120 | EDUARDO M. R. FILHO
SONHAR, UMA QUESTÃO DE FÉ ALIADA À EDUCAÇÃO FINANCEIRA

138 | RANIO GAMITA
A BOA SEMEADURA E OS CUIDADOS PARA SE REINVENTAR NO UNIVERSO DA EDUCAÇÃO FINANCEIRA

154 | ANDREZA STANOSKI
QUEM NÃO HERDOU EDUCAÇÃO FINANCEIRA DEVE DEIXÁ-LA COMO HERANÇA

174 | ZILDA SILVA
O ORGULHO DE OLHAR PARA TRÁS E VER UMA DIGNA TRILHA DE SAÚDE FINANCEIRA

190 | BRUNO CHACON
O CONSÓRCIO DOS SONHOS

208 | EDILSON MENEZES
PÓSFACIO

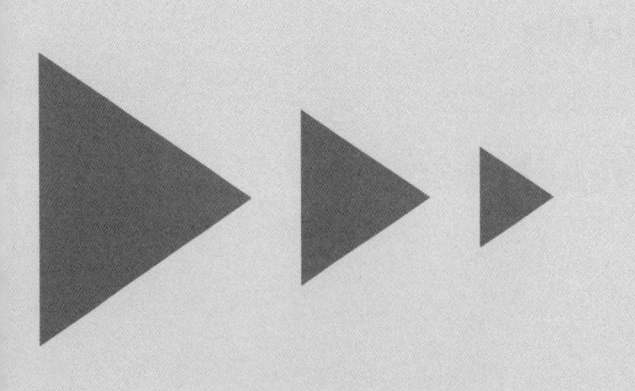

> "JÁ PLANTEI UMA ÁRVORE E SOU MÃE DE UM MARAVILHOSO CASAL DE FILHOS. PORTANTO, FALTA O LIVRO."
>
> IONE MARINHO

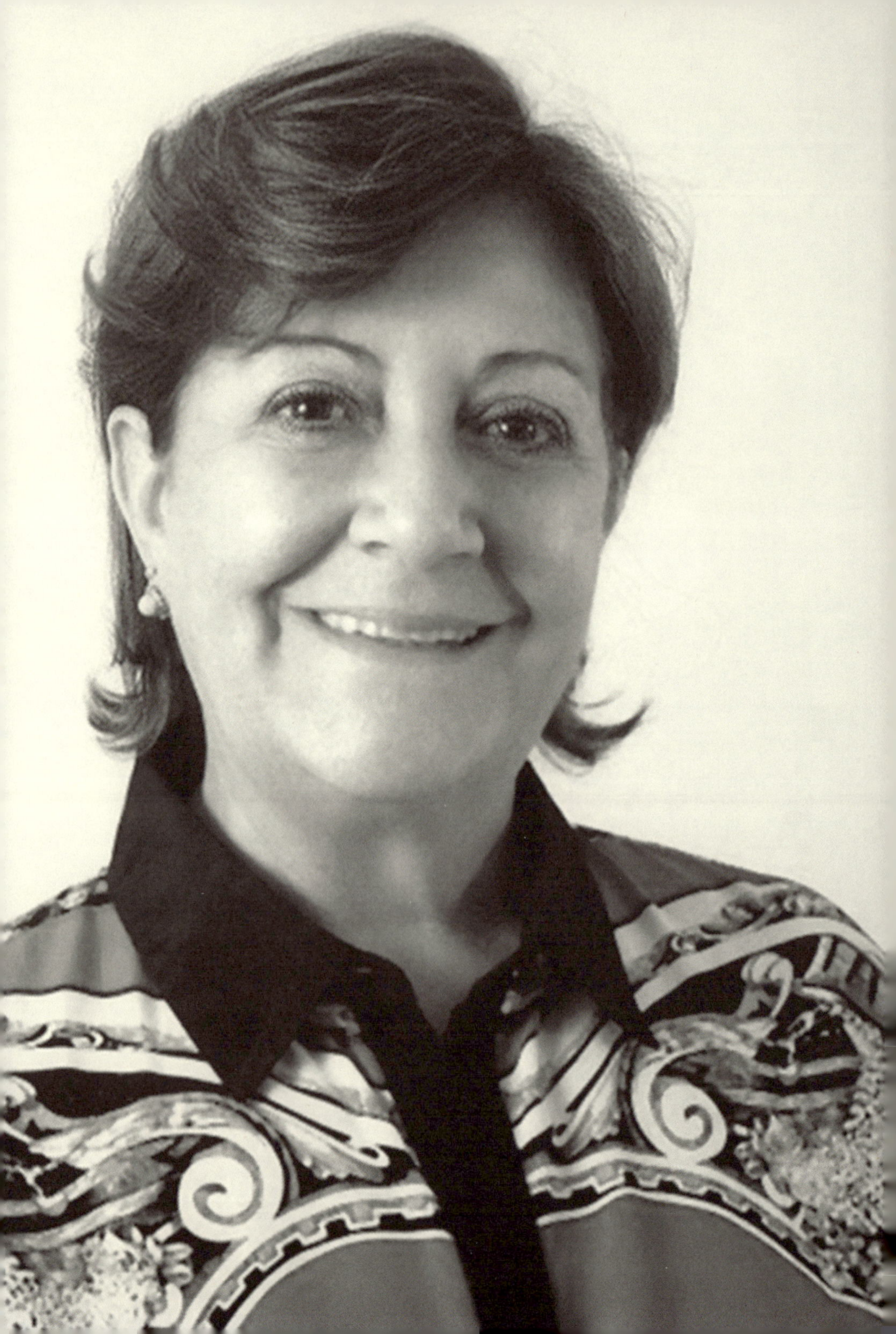

IONE MARINHO

Eu sou uma pessoa do bem! As pessoas que convivem comigo me acham generosa, tranquila, madura e amorosa; mas também crítica e exigente. Tenho um companheiro maravilhoso que me apoia e caminha ao meu lado. Sou mãe, fã e mentora dos meus filhos Lucas (34) e Ana Luiza (33). Sinto-me em casa junto à natureza! Gosto de ler, de ouvir música, de meditar, de caminhar, de viajar e de cozinhar.

Na minha identidade profissional, sou Psicóloga, tenho MBA em Gestão de Pessoas, atuo como psicoterapeuta dentro da abordagem Holística e, ao longo da minha trajetória acadêmica e profissional, tenho muitos cursos, vivências, experiências significativas, viagens a trabalho e lazer que foram incorporando meu histórico de realizações nas últimas décadas. Há quatro anos me aposentei, conheci a DSOP e, até o momento, estou me **reinventando através de vários caminhos novos.**

ENCONTRE ALGO CAPAZ DE GERAR UMA EXPECTATIVA POSITIVA

Os passageiros receberam autorização para desafivelar o cinto de segurança e religar seus equipamentos. Chegava ao fim o voo de Brasília com destino a São Paulo. Enquanto aguardava o desembarque, liguei o celular, escutei um alerta de mensagem e acessei. No texto, o convite da Associação Brasileira de Educadores Financeiros (Abefin) e a grata surpresa de ser convidada à inscrição e concorrência de uma vaga na segunda 2ª edição do projeto literário Meu primeiro livro, cujo resultado é o legado que está diante de seus olhos neste momento.

Eu acabava de retornar, após três dias em imersão, da 10ª Convenção de Educação Financeira promovida pela DSOP, um verdadeiro detox cultural que pude experimentar. Em contato com aquele convite, não pensei duas vezes. Lembro-me de ter pensado:

"Já plantei uma árvore e sou mãe de um maravilhoso casal de filhos. Portanto, falta o livro."

Dei o meu "sim", supermotivada, acreditando que poderia ter a chance de participar é viver o desafio de compartilhar o que venho aprendendo sobre os impactos positivos da educação financeira em minha vida e carreira. Desde aquele momento, a cada e-mail das diversas etapas do processo de escolha até a aprovação, não deixei de acreditar que seria possível fazer parte do projeto.

Muitas vezes, a parte mais agradável de uma atividade é esperar por ela. Quer saber por quê? Um estudo da Universidade de Harvard revelou que as pessoas que simplesmente pensavam em assistir a seu filme preferido, aumentavam seus níveis de endorfina em 27%.

Se você não puder tirar férias quando o corpo e a mente pedirem, ou adiar sempre aquele encontro com os amigos no final do dia, ou mesmo quando faltar o aporte financeiro para a viagem dos sonhos; anote algo no calendário, mesmo que seja para cumprir daqui a um mês ou um ano. Então, enquanto não acontece, sempre que precisar de uma descarga de felicidade, lembre-se do evento que está por vir, devidamente anotado, pois a própria expectativa é uma antecipação da felicidade e das respectivas recompensas.

Ao longo da minha vida e carreira, aprendi, tenho praticado e compartilhado os benefícios da psicologia e da neurociência, que demonstram algo importante nessas pesquisas: temos mais sucesso quando estamos mais felizes e somos mais positivos. O que mais vem me encantando na **Metodologia DSOP**, do PhD Reinaldo Domingos, é que a sua principal âncora para a transformação pessoal consiste em capitalizar o benefício da felicidade por meio dos sonhos.

Com alguns desafios do meu passado e presente, pretendo retratar meu aprendizado nas últimas seis décadas já vividas, trajetória em que fui aprendendo a criar "âncoras de felicidade" muito úteis em tempos de escassez, mas também de fartura.

O convite se resume em conduzir você, por alguns instantes, a um cenário de reflexão, para que o meu contato com as vulnerabilidades, imperfeições, erros, acertos e aprendizados gerem inspiração e reformulação. A partir disso, como aconteceu comigo, poderá rever algumas questões pendentes em sua vida com relação aos impactos dos seus hábitos, para que consiga, enfim, construir o equilíbrio financeiro, tenha você 30, 40, 60 ou ainda mais idade.

"A história ajuda o ser humano a compreender melhor quem ele é."

Nasci e morei em Belo Horizonte até os 7 anos, idade em que fiquei órfã de pai. Perdas repentinas, normalmente, implicam em impactos, muitas vezes, danosos nas famílias, sobretudo quando a entrada financeira vem de uma única fonte.

Foi assim na minha família e em tantas outras da década de 1960, período em que vi as famílias, da noite para o dia, transitavam entre a riqueza e a pobreza, fosse por ignorância, ingenuidade, falta de reservas ou foco nas necessidades mais imediatas, em detrimento de um aporte para o futuro.

Minha mãe, aos 38 anos de idade, com apenas o ensino primário, aceitou o convite do irmão mais velho e trouxe os quatro filhos para o interior de São Paulo. Eu era a caçula. Blindada pela inocência da idade, em que, naturalmente, as perdas e as dores se acomodam com mais agilidade, senti que tudo passou a ser novidade e motivo de novas descobertas.

As perdas materiais foram substituídas por outros valores mais intangíveis, como as novas amizades, a ida para a escola na garupa da bicicleta do tio, o pastel na feira, o jogo de taco na rua e tantas outras atividades deliciosas das pequenas cidades do interior.

Quando não estava na escola, ajudava com as atividades domésticas, enquanto minha mãe e irmãos trabalhavam fora, para garantir a construção de uma nova estabilidade emocional e financeira. Fazendo essa pequena retrospectiva, percebo que minha educação financeira começou a ser despertada pelos exemplos da própria família.

Naquela época, eu era considerada pobre entre os meus amigos da escola, mas nunca me senti como tal. Meu avô, pastor protestante, tinha uma vida simples e nômade. Minha mãe contava que, às vezes, no mesmo ano, ela morava em três cidades diferentes. Assim, o desapego e a aceitação impostos por essa condição, fez com que ela me ensinasse a maior das lições. Dizia ela:

— Ione, não precisamos ter ou querer as coisas que a maioria das pessoas tem ou querem. Não precisamos ter medo de não ter dinheiro, precisamos é cultivar uma riqueza interior que torne a riqueza exterior desinteressante ou menos sedutora.

Conheci incontáveis especialistas do setor econômico, mas essa lição financeiro-emocional de minha mãe superou o ensinamento pragmático deles.

Minha relação com o dinheiro começou aos 12 anos. A mãe de uma amiga que vendia roupas me contratou para entregar, de bicicleta, as encomendas na casa dos clientes. O valor que recebia por isso era um trocado ao final de cada mês. Esse pequeno montante passou a ser a minha primeira âncora de felicidade.

Entusiasmada, aguardava aqueles cruzeiros (moeda da época) que já tinham um destino: garantir o primeiro sonho de adolescente e participar da formatura do ginásio. Aos 14 anos, providenciei minha carteira de trabalho. De sacoleira do interior, ingressei no comércio como auxiliar de crédito, onde permaneci dois anos. Passei a fazer o colegial no período noturno e, aos 17, decidida alçar voos mais altos, fui admitida como auxiliar de escritório na Bundy Tubing S.A. do Brasil, primeira empresa multinacional da minha carreira profissional.

Chegava àquele instante da vida que exige muita responsabilidade: começar a construir a própria relação com o dinheiro. Já tinha o exemplo de minha mãe, que contribuía com doações e poupava 10% dos rendimentos para o "inesperado" — como ela se referia aos momentos de dificuldades ou de boas surpresas.

As perdas e surpresas desagradáveis do passado fizeram com que ela acordasse para a importância de poupar, e com essa atitude otimista, inspirou-me a fazer o mesmo desde o primeiro salário. Abri minha primeira caderneta de poupança e mantive firme dentro de mim o sonho de viajar, fazer faculdade de Psicologia, conhecer novos lugares, pessoas e culturas. Tudo isso me movia naquele momento em que as coisas começaram a se realizar por minha própria conta, desde as decisões simples como os presentes de Natal, onde passear nas férias, o que fazer com o 13º salário até as decisões que me garantiriam um futuro promissor. A vida adulta, enfim, chegava.

Cenários inéditos se abriam e, com eles, novos sonhos e hábitos foram se instalando dentro de mim.

De férias do trabalho pela primeira vez, a escolha da primeira viagem aconteceu nessa época e foi uma experiência bastante significativa. Minha irmã e meu cunhado, que viajavam anualmente, convidaram-me para uma aventura de carro que partiria de São José dos Campos até alcançar o Uruguai. Foi um passeio maravilhoso e inesquecível. Com o planejamento detalhado que fizeram para aquela viagem, eles me deram a oportunidade de sentir a importância do trabalho, de constatar a quem e para que o dinheiro serve.

A alegria de poder decidir sozinha o que fazer com as minhas economias, a sensação gostosa de fazer parte, contribuir, partilhar tudo, foram preponderantes na formação dos meus conceitos com relação ao dinheiro. A caminho do Uruguai, fui percebendo que o salário não servia somente para pagar as contas. Ele serviria aos meus sonhos e a minha verdadeira autonomia.

Com essa vivência profissional, chegou o momento de pensar na escolha acadêmica. Cursar Psicologia era o sonho da época. Como a disciplina não era contemplada na minha cidade, teria que estudar na cidade vizinha mais próxima, Mogi das Cruzes. À época, não haveria chance alguma de que a minha família aceitasse ou apoiasse a escolha de estudar em outra cidade. Afinal, isso tudo aconteceu nos conservadores anos 1970. Não empaquei diante do obstáculo. Fui estudar Direito, minha segunda opção, enquanto buscaria desenvolver uma visão mais clara sobre como realizar o sonho de me tornar psicóloga.

A convicção de que estava no caminho certo ao escutar a voz do coração sobre a profissão fortaleceu o desejo de cuidar melhor do futuro. Passei a prestar mais atenção em como gastava o salário, o que era realmente importante para mim e, principalmente, o que sobrava depois das contas pagas.

Com esse cuidado, um pouco ainda sem direção, dada a pouca experiência de vida, antecipei a visão de que as despesas aumentariam, caso tivesse que estudar fora. A previsão me fez ir em busca de um salário melhor. Enviei currículo para a Johnson & Johnson, que tinha uma vaga para a área fiscal. O rol de benefícios da vaga contemplava o meu sonho: uma bolsa de estudos para os empregados. Na ocasião, aprendi a regra básica para ter o poder de escolha, diminuir as despesas ou aumentar as receitas.

Foi um final de ano abençoado. Como passei no vestibular de Psicologia, tranquei a matrícula no curso de Direito. No mês seguinte, ingressava na Johnson & Johnson. A empresa oferecia o benefício de reembolsar metade do valor da mensalidade do curso, após o período de experiência. Minhas preces foram atendidas e as finanças protegidas. Passei a ganhar mais do que gastava, e poupava os 50% do reembolso, comportamento considerado outra regra para alcançar a autonomia financeira. Foi um tempo duro, saía de casa às 7h para o trabalho. Ao final do expediente, corria para alcançar o ônibus fretado até Mogi das Cruzes e retornava da faculdade à meia-noite.

A força de vontade e coragem para cumprir toda a rotina de esforços vinham da imagem de minha mãe, que da janela do sobrado onde morávamos, esperava-me descer do ônibus só para perguntar se tudo estava indo bem e dizer:

— Vá em frente. Essa vida não mata, só engrandece!

Ser a caçula tinha suas vantagens. Os irmãos já estavam casados e o amor de mãe, naqueles momentos difíceis, foi crucial.

Foram cinco anos de muito valor na minha vida acadêmica, profissional e relacional. Tive muita disciplina em relação ao dinheiro que recebia e, de fato, aprendi a importância de gastar menos do que ganhava, mudar hábitos de consumo e investir no futuro sem dolorosos sacrifícios, mas com o foco na liberdade de ser e estar feliz.

A atitude de pensar grande e fazer o pequeno de cada vez, focar naquilo que realmente era importante para a carreira, ficar atenta para as oportunidades de expansão, ter visão de longo prazo e aguardar, com expectativas positivas, os resultados advindos das pequenas mudanças, rendeu mais de doze anos no mundo Johnson & Johnson, com marcas positivas e significativas na empresa, na faculdade e, principalmente, no meu histórico interno de realizações.

O período foi a base sólida para tudo que fui atraindo de bom na construção da rica trajetória de vida. Casei, tive um casal de filhos, realizei o sonho da casa própria, viagens e muitos outros sonhos. A formação profissional ganhou força e destaque com o empenho acadêmico bastante diversificado, e outros trabalhos significativos foram acontecendo, enquanto meu patrimônio se solidificou e ampliou.

Creio que, neste momento, cabe um agradecimento a você que fez essa pequena viagem ao passado comigo. Tenho que confessar que foi muito oportuno reviver tudo isso, trazendo para o presente lembranças e princípios que norteiam minha vida até hoje. É sábio aprender sobre nós. Parece fácil, mas é extremamente difícil e trabalhoso, pois exige paciência e senso crítico.

Quando completei 60 anos, em 2014, decidi que estava pronta para solicitar minha aposentadoria por tempo de trabalho e idade. No período, conheci a DSOP Educação Financeira, que foi realizar um workshop sobre a sua metodologia na empresa onde eu trabalhava. Foram oito horas de verdadeira reflexão, descobertas e motivação. Saí do encontro disposta a ir mais fundo nas pesquisas a respeito do assunto. Fiquei me perguntando: "Como poderia aplicar essa metodologia e me preparar melhor para o futuro próximo?".

O "despertar DSOP" me conduziu até a decisão da aposentadoria imediata. Continuaria trabalhando na empresa, construiria, em dois anos, um plano de ação que me deixaria pronta para a mudança no estilo de vida. Encontrei novamente algo bom para aguardar com expectativa positiva, tal qual propus no título do artigo.

Como primeira estratégia, passei a poupar o valor da aposentadoria, a título de engordar a reserva financeira. A ação já era uma resposta para a provocação que o educador fizera durante o *workshop* de educação financeira: "Se a partir de hoje, você não recebesse mais o seu ganho mensal, por quanto tempo conseguiria manter seu atual padrão de vida?".

A pergunta que já é uma das marcas do PhD Reinaldo Domingos, gerou uma reflexão muito oportuna. Eu já estava me afinando a um estilo de vida mais simples, onde o menos passou a ser mais. Comecei a me interessar por gastronomia, passei a elaborar minhas refeições, o que fez com que mudasse alguns hábitos. Só comprava o necessário, selecionava melhor os ingredientes e pesquisava tudo antes de comprar. O impacto positivo surgiu. A despesa com alimentação diminuiu 40% no orçamento e minha saúde, é claro, agradeceu. Fiquei mais atenta ao princípio de não desperdiçar, não perder, gastar com moderação e saber comprar.

Assim que o ano de 2016 surgiu no horizonte, pedi demissão. Durante os dois anos de planejamento até essa decisão, fui fiel ao hábito de poupar, cortar os gastos excessivos e liquidar as contas. Comecei a harmonizar, portanto, o cenário com que sonhava circular.

Escolhi me aposentar de um estilo de vida rotineiro, que não mais representava a pessoa que havia me tornado; autêntica em relação aos valores e focada em ser dona do meu tempo. Foi um ano de olhar mais para dentro do que para fora, de entender o que é **problema de dinheiro**, que exige urgência e ação direta:

Como vou pagar o boleto do convênio médico?
Estarei pronta para renovar o seguro do carro?
Vou conseguir quitar a prestação do imóvel?

Com o entendimento enraizado, foi um ano escolhido para a distinção clara entre o problema de dinheiro, que acabo de explicar, e a **preocupação com dinheiro**, ou seja, o que está acontecendo na cabeça e não apenas na conta bancária:

Será que a minha situação financeira atual vai sustentar o meu estilo de vida?
Até quando?
E se eu viver até os 100 anos?

As preocupações e os problemas (ninguém está livre) envolvem a imaginação e a emoção. Ou seja, o conflito entre o problema de dinheiro e a preocupação com dinheiro é real, profundo e requer atenção.

Em 2017, o diagnóstico financeiro ia bem, receitas e despesas em equilíbrio, poupando com controle e consciência sobre os gastos. Sentia-me feliz com o novo estilo de vida. Mas, revendo a **Metodologia DSOP**, percebi que ainda praticava um modelo de orçamento desatualizado, que só valorizava a quitação dos compromissos, em que se registra as receitas, subtrai-se as despesas e, caso sobre dinheiro, se poupa. Mas, e os sonhos, onde ficam nessa equação que muito quita e pouco realiza?

Esse diferencial da metodologia me impulsionou a tomar a decisão de não mais trabalhar só para pagar as contas, voltando àquele sentimento de menina que viajou pela primeira vez com o próprio dinheiro e entendeu o propósito de ter uma profissão e sair da cama todos os dias para exercê-la.

Foi então que me fiz duas perguntas:

Onde deixei a motivação de sonhar e realizar, tão presente na minha história?
Será que estou me achando velha para ter sonhos de curto, médio e longo prazos?

A percepção e a busca pelas respostas resultaram na decisão de me formar como educadora e terapeuta financeira DSOP, para entender melhor esse diferencial sobre a priorização dos sonhos no orçamento.

Entendi que a expectativa de encontrar algo pelo qual aguardar sem direção alguma faz de nós meros acumuladores. Sem o sonho, o desejo, ficamos estagnados, não crescemos nem prosperamos. Como diz o mestre Reinaldo Domingos: "o dinheiro tem uma lógica própria e, para atraí-lo até sua vida, é necessário que seja capaz de sonhar primeiro para conquistar depois."

Pela formação, compreendi porque os sonhos devem vir antes do recurso, antes do dinheiro. Ter mais dinheiro só faz sentido se for para realizar sonhos. Na contramão, muita gente acalenta o sonho de ter mais dinheiro, numa lógica perversa e nada factível.

Ao escolher fazer parte deste projeto, realizo o sonho de compartilhar tudo que venho exercitando em mim e também com as pessoas que me procuram pelos caminhos que esse novo estilo de vida mais sereno têm gerado para a minha reinvenção, como se fosse uma alma velha numa roupa nova.

A roupa velha, a aposentadoria. A roupa nova, a independência financeira. Com a nova roupagem, encontrei minha direção, continuei a investir na autonomia financeira, reservar tempo para estar com as pessoas que amo, desenvolver novas habilidades, cuidar da saúde, viajar, acreditar que vale a pena investir todos os dias e cuidar dos sonhos de curto, médio e longo prazos.

Aproveito para agradecer a todos os educadores DSOP que participaram da primeira edição *Independência Financeira ao Alcance das Mãos*. Vocês inspiraram e encorajaram o meu desejo de compartilhar a própria história.

A você, que tem o livro diante dos olhos neste momento, muito obrigada. Saiba que você é convidado especial nesta obra. Sugiro que deguste cada capítulo com atenção e coração, como um passaporte para a nova visão e atualização da sua vida financeira. Afinal, teorias são interessantes; porém, nada é mais inspirador do que histórias vividas à luz da prática, embasadas pela educação financeira, tema que cresce a cada dia e desperta o interesse do mundo inteiro.

Meu foco é continuar desenvolvendo um portfólio profissional que contemple como pilar o fato de ajudar as pessoas com o que aprendi e acredito. Consigo suprir minhas necessidades poupando, realizo sonhos, faço coisas que ajudam a perceber quem sou e, ao mesmo tempo, satisfaço minha profunda ânsia pelo sentido da vida e pela contribuição com o bem coletivo. A **Metodologia DSOP** é acessível, eficaz e incrivelmente desafiadora. Caso você se interesse pela minha escuta, orientação e vivência, contate a Abefin.

Faça o que gosta de fazer. Você será sustentável financeiramente e sua alma se sentirá realizada como se estivesse em uma roupa nova, como me sinto até hoje. Por fim, destaque-se da maioria, que procura motivos para sofrer por antecipação. Em vez disso, encontre algo capaz de gerar uma positiva expectativa.

Deu certo e me fez uma pessoa ainda mais feliz.
Vai dar certo e te fazer feliz também...

"O PROBLEMA NÃO É QUANTO SE GANHA, MAS A MANEIRA POBRE OU RICA DE GERENCIAR ESSA REMUNERAÇÃO."

DENILDA DA SILVA

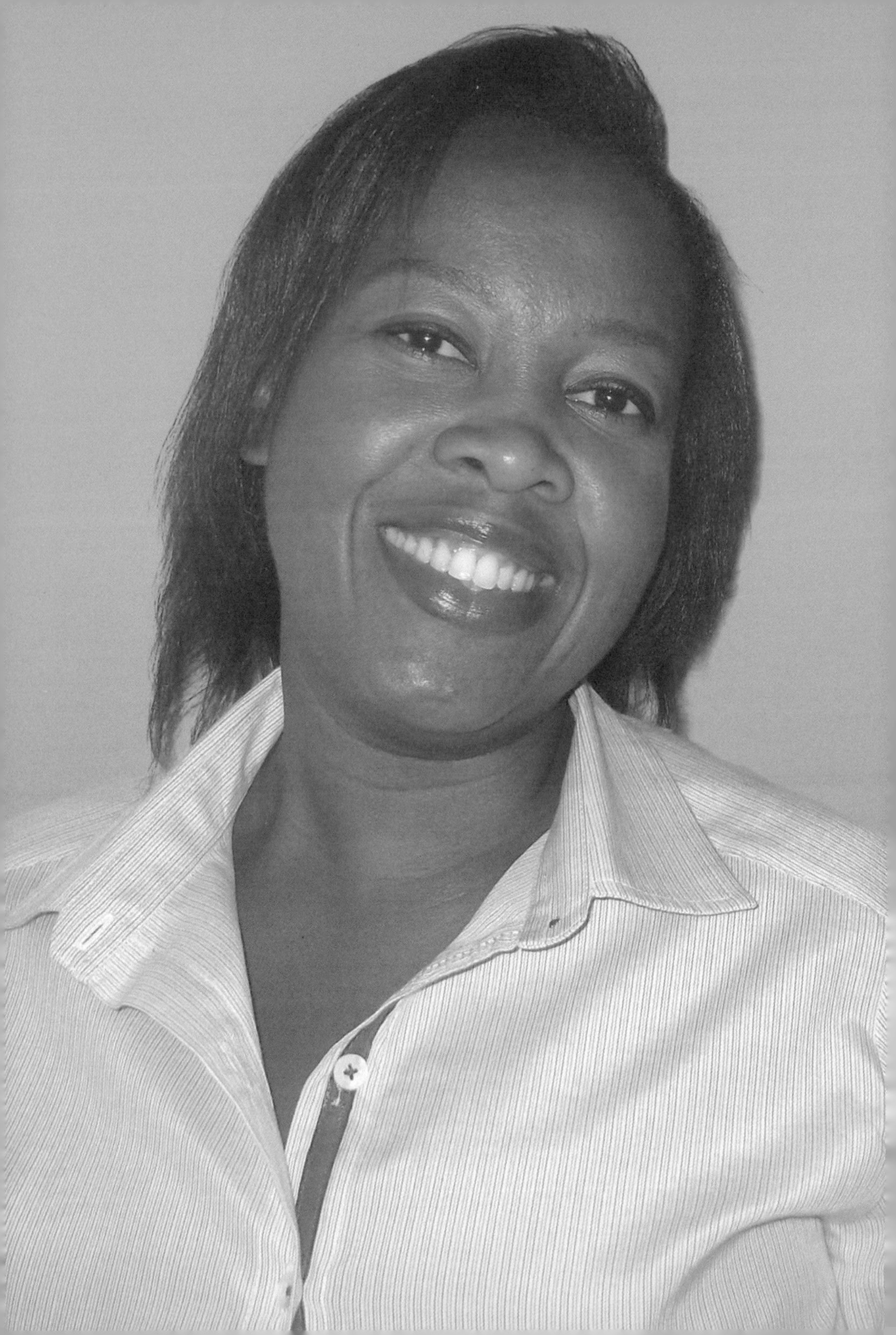

DENILDA
DA SILVA

Sou educadora financeira e especialista em Terapia Financeira DSOP e em Negociação Coletiva pela Universidade Federal do Rio Grande do Sul (UFRGS). Sou graduada em Serviço Social pela Universidade do Estado do Rio de Janeiro (UERJ) e membro da Associação Brasileira de Educadores Financeiros (Abefin). Estou em busca de mais conhecimento, e planejo realizar, em breve, o curso de mestrado internacional em educação financeira pela **Metodologia DSOP**. Tenho experiência em ministrar cursos e palestras sobre o tema em diversas instituições, acompanhamentos terapêuticos e orientações individuais.

QUANTO VOCÊ GANHA NÃO DEFINE O VALOR DAS SUAS CONQUISTAS

Passei por muitos percalços, alguns superados e outros em fase de superação. Tenho cinco irmãos, sou a sexta filha de um trabalhador autônomo (meu pai consertava rádios e televisores em casa) e uma empregada doméstica. Meus pais não frequentaram a escola, e alguns dos irmãos sequer tiveram a chance de concluir o ensino fundamental. Fui a única da família a conquistar o diploma de ensino superior.

Enquanto trocava as roupas de minhas bonecas, aos 5 anos, minha mãe se separou do meu pai. Naquele tempo, ela havia começado a trabalhar como doméstica, em casa de família. A busca por melhores condições de vida a fez deixar a cidade onde morávamos.

Com seis filhos para alimentar, minha mãe nos levou para morar numa casa cedida por um conhecido. Todavia, o que ela ganhava, mal dava para suprir as nossas despesas básicas. Meus dois irmãos mais velhos a ajudavam do jeito que podiam, ora carregando peso como ajudantes de pedreiro, ora entre um vagão e outro, como camelôs nos trens da Central do Brasil, no Rio de Janeiro.

Algum tempo depois, passamos a morar de aluguel. Com isso, os recursos que já eram poucos, diminuíram ainda mais, e as dificuldades financeiras aumentaram. Moramos alguns anos num imóvel alugado, e minha mãe conseguiu adquirir, por um valor bem baixo, o terreno num periférico lugar, onde quase ninguém desejava morar, e foi lá que começou a construção de nossa casa. Logo que o primeiro cômodo ficou pronto, um espaço 4 m x 4 m, que posteriormente seria a sala, a família inteira foi viver nesse diminuto espaço. Houve um período, ainda na adolescência, que cheguei a passar roupas para uma das patroas da minha mãe que, por sua vez, fazia uma parte do trabalho.

Em meio aos percalços, havia dias de quietude. Costumava passar férias escolares no trabalho de uma das minhas irmãs, na Ilha de Paquetá. Os patrões dela costumavam ir até a propriedade nessa época. Eu a ajudava nos trabalhos da casa e, depois, passeávamos de barco, bicicleta, íamos à praia ao cair da tarde e caminhávamos pela ilha à noite. Além de muito divertido, às vezes, ficava por lá a semana inteira, e posso dizer que esse foi o primeiro contato que tive com o dinheiro, ou a perspectiva daquilo que o dinheiro poderia oferecer.

Considero que isso tenha sido um pouco pedagógico, pois aprendi que o esforço resulta em grandes conquistas. De volta das férias para a realidade, morávamos numa área carente, sem pavimentação ou saneamento básico. Os vizinhos tinham pouca ou nenhuma escolaridade, e as raras pessoas que alcançavam um grau de estudo mais elevado e conseguiam um bom emprego eram consideradas inteligentes.

Minha família dizia que eu era muito inteligente, talvez por ser a única em casa a frequentar a escola. De certo modo, isso me motivou a prosseguir. Além disso, via como minha mãe trabalhava arduamente, sabia de humilhações que enfrentava em algumas casas e, apesar de vê-la ganhar a vida com dignidade, eu queria um emprego diferente do dela.

Conquistei o primeiro emprego efetivo, de carteira assinada, como operadora comercial numa loja de departamentos de uma rede varejista. Conciliava estudo e trabalho. Dada a rotina árdua, cheguei até a pensar em interromper os estudos, mas o anseio de concluí-los falava mais alto. Dentro de mim, havia uma convicção infalível: se estudasse, poderia melhorar a minha vida e a da minha família em todos os aspectos.

Durante os estudos, ocorreram cortes na empresa e fui demitida. Quando terminei o ensino técnico, estava desempregada. Em 1996, consegui um emprego com bom salário e me matriculei num curso pré-vestibular, com o sonho de entrar numa universidade pública, até porque não tínhamos condições de custear uma faculdade privada. Porém, tranquei o curso pré-vestibular no meio do caminho. Sem controle sobre os recursos, extrapolei nos gastos, não consegui pagar as mensalidades e, para agravar a situação, fiquei desempregada novamente.

Inscrita no vestibular, e com o desejo de conquistar uma vaga em uma das universidades públicas cariocas, realizei as provas, mas o desapontamento foi total. Boa parte do conteúdo cobrado era totalmente desconhecido por mim. Decepcionada, vi minha aspiração se desmanchar.

— *Com o conhecimento que tenho, jamais conseguirei aprovação* — *pensei naquele dia.*

Sem emprego, minha mãe e minha irmã custearam algumas das minhas despesas, mas ambas também ficaram desempregadas. Quase todos os meus irmãos já haviam saído de casa, e morávamos somente nós três, estávamos por nossa conta.

Imagine três pessoas morando juntas, sem emprego, fonte de renda ou economias poupadas. Foi um dos mais difíceis períodos que enfrentamos. As coisas se complicaram bastante, e não tínhamos nenhuma reserva financeira. Mas, graças a Deus, conseguimos, literalmente, costurar a sobrevivência.

SOBREVIVÊNCIA COSTURADA

Passamos então a viver do dinheiro das costuras que minha mãe fazia para alguns clientes. E para aumentar nossos recursos, um dia, minha irmã e eu fomos ao centro da cidade, à noite, após o fechamento do comércio local, único horário liberado, vender as peças que ela fazia. Porém, gastávamos o pouco dinheiro que tínhamos com as passagens de ônibus, e voltávamos para casa sem vender sequer uma peça.

O local onde tentávamos vender as mercadorias ficava bem próximo à escola onde cursei o ensino médio, o Instituto de Educação Rangel Pestana — IERP, e nesse dia fui até lá buscar minha certificação. Tomei conhecimento de que, na semana seguinte, inscrições seriam abertas para um pré-vestibular comunitário. Na verdade, estava à procura de um emprego, mas não poderia perder a oportunidade de me preparar e tentar novamente ingressar na universidade pública.

Mesmo com tudo parecendo me levar para outra direção, iniciei o pré--vestibular. Com o apoio de minha mãe e minha irmã, comecei a fazer lanches e sobremesas para vender durante a semana. Não queria deixar tudo sob a responsabilidade delas. Quando comecei o preparatório, estava desempregada e aproveitava o tempo livre para estudar várias horas por dia, já que as aulas eram ministradas somente aos finais de semana. No primeiro ano, não consegui êxito e, no seguinte, um pouco mais experiente, fui aprovada para a Faculdade de Serviço Social da Universidade do Estado do Rio de Janeiro.

Em janeiro de 2001, após três anos sem emprego, fui admitida como concursada na prefeitura de um município do estado do Rio de Janeiro. Quando compareci para tomar posse da vaga, soube que a remuneração seria abaixo do salário mínimo, por causa dos descontos. Aceitei a vaga. Ao menos, teria um emprego. Lá em casa, fomos ensinados que emprego bom era aquele que assinava a carteira, e a alegria veio em dobro. Além de universitária, estava com a carteira assinada. Nessa época, meu pai já havia falecido e não teve a oportunidade de ver sua filha fazer o que propõe o título deste livro: mostrar que trabalhadores não precisam ser pobres.

Uma parte dos percalços de minha história estava resolvida. A outra parte viria em seguida, representada por um triplo obstáculo que muitos brasileiros enfrentam: falta de educação financeira, falta de planejamento e dívidas. Ou seja, um pesadelo terminava e outro começava. Sem qualquer contato com a educação financeira, meu orçamento era sempre muito apertado. Assim que pude, obtive um empréstimo consignado, fruto de um contrato entre o banco e a prefeitura, que facilitava a transação. Isso me daria uma folga, pelo menos por um tempo. O problema é que a aquisição do recurso consignado comprometeu 30% de meu salário. Se antes precisava viver com menos de um salário mínimo, agora teria essa mordida obrigatória por vários meses.

Para piorar, já havia utilizado todo o limite do cheque especial disponível na conta e, como não conseguia quitá-lo, todo mês pagava os juros da operação. A grande questão é que, quando lançamos mão de um empréstimo com desconto em folha, quase sempre não consideramos que parte do salário se comprometerá. Foi um dos meus maiores erros, trata-se de uma escolha que requer muita cautela do leitor, que não merece passar por isso. Em outras palavras, o trabalhador não precisa ser pobre, porém vai empobrecendo conforme as próprias escolhas, seduzido por coisas que jamais teve e, de repente, são oferecidas pelo crédito fácil, em troca do que aparenta ser igualmente fácil de se quitar.

Inexperiente, fui desrespeitosa com o dinheiro, e ele não aceita desaforo. Gastava acima do que recebia e vivia sempre no vermelho. Acreditava que essa situação se dava por causa do baixo ganho mensal. Imaginava que, tão logo conseguisse uma remuneração maior, meus problemas financeiros se acabariam; outro grande erro que cometi por falta de cuidado e conhecimento. E como vivenciei a profundidade dessa dor, posso dizer, com conhecimento de causa, que não se deve gastar mais do que se ganha.

"A conta que não fecha no fim do mês vai se tornar uma bola de neve a rolar sobre os meses vindouros. Lá embaixo, desprotegido, aquele que hoje é só endividado, amanhã estará soterrado."

Logo que iniciei o curso na faculdade, abri uma conta-corrente universitária que me "beneficiava" com um limite especial maior do que o valor do meu salário. Aos poucos, utilizei todo o limite disponível. Resultado: mais um compromisso financeiro adquirido.

Minha mãe e eu abrimos uma conta conjunta, com o propósito de juntarmos dinheiro para a minha festa de formatura. Finalizei a graduação e não poupamos sequer um mísero real. Quando concluí os estudos, para minha sorte, a turma optou somente pela cerimônia de colação de grau, sem o baile de formatura. Desse modo, o valor ficou bem mais acessível. Ainda assim, tive de recorrer aos empréstimos para participar.

Percebe-se que a falta de controle financeiro quase tirou de mim a satisfação de vivenciar o singular momento da celebração da minha grande vitória. Note, leitor, que a pobreza das atitudes (e não exatamente do dinheiro) me levava a cavar um buraco de dívidas cada vez mais fundo.

Realizava muitos concursos, tinha fé que, um dia, seria aprovada e teria um salário melhor. Depois de muitas tentativas, no final de 2008, fui convocada para um concurso na esfera federal. Enfim, conquistava a tão sonhada vaga. Obtive bons empregos e salários. Logo nos primeiros anos de trabalho, consegui organizar minha vida financeira e equilibrar as finanças. Só não sabia de um detalhe: tal equilíbrio se daria por pouco tempo, já que os hábitos do crédito fácil não se desapegam com facilidade.

SALÁRIO NÃO PODE SER COMPLEMENTADO POR EMPRÉSTIMOS

No início de 2009, efetuei um empréstimo para realizar a reforma geral no imóvel em que morávamos, para amenizar os efeitos dos estragos causados por um temporal no ano anterior. Apesar da reforma e dos respectivos gastos, na metade de 2011, adquiri o primeiro carro zero quilômetros, imaginando que seria fácil vencer as sessenta parcelas mensais.

Fui até a concessionária e, lá, descobri que precisava dar uma entrada em dinheiro para que o financiamento fosse liberado. Como não tinha nenhuma economia, financiei o valor da entrada no banco. Fiz o cálculo de quanto pagaria em cada parcela do financiamento do veículo e vi que os valores das parcelas caberiam no bolso. Em suma, a arapuca do consumismo foi armada, passei por ela e, quando me dei conta, assinei a papelada. Ninguém jamais verá um pássaro feliz por cair numa armadilha, mas eu deixei a concessionária feliz da vida, com um carro zero quilômetros e sessenta boletos dentro da bolsa.

Foram dois compromissos financeiros assumidos simultaneamente. Dois grandes equívocos que cometi e que precisam ser evitados no momento da compra de um veículo, para que não ocorra desequilíbrio nas nossas finanças. A primeira e melhor opção é fazer uma economia, comprar à vista ou o mais próximo disso, de acordo com o orçamento de cada um. Nessa época, desconhecedora do universo das finanças, eu realizava a maior parte das operações financeiras sem levar em conta a minha real condição, que não era nada boa; outro grande erro que, acredito, também é cometido por muitas pessoas. E se eu mudei, venci o endividamento e superei os hábitos dos gastos não planejados, todos podemos mudar.

OS CUIDADOS COM O CHEQUE ESPECIAL E AS OUTRAS FORMAS DE CRÉDITOS

Minha saúde financeira estava bastante debilitada e, mesmo assim, resolvi que viajaríamos em família. Me propus a arcar com a maior parte das despesas e, como o dinheiro era pouco, foi necessário lançar mão do cartão de crédito e de uma parte do limite do cheque especial.

No retorno da viagem, chegou a hora de contabilizar e quitar as despesas. Sem dinheiro, a saída foi recorrer ao consignado e, como não havia margem disponível no contracheque, precisei renegociar, acumulando juros. Em paralelo, também fazia uso simultâneo de oito cartões de crédito, sendo três de bancos e cinco emitidos por lojas de departamento.

As faturas chegavam e realizava os pagamentos de forma parcial, caindo no rotativo. Cheguei a uma situação em que não tinha recursos suficientes para dar conta das faturas de tantos cartões. Quando o salário entrava na conta, mal dava para cobrir o valor integral do cheque especial. Passava o mês inteiro dando jeitinhos, no vermelho, sem enxergar uma saída daquele cárcere de dívidas.

Na tentativa de minimizar a gravidade da situação, por diversas vezes, paguei o valor integral da fatura e usei os cartões para pagar as contas, até que perdi totalmente o controle. Momentaneamente, os empréstimos, assim como os cartões de crédito, suprem as necessidades financeiras e até geram a frágil sensação de conforto e tranquilidade.

Como um remédio que alivia a dor, mas esconde o que deve ser curado na raiz, o problema é que o uso recorrente desses recursos oculta a nossa real condição financeira, e foi o que ocorreu comigo. Em total descontrole financeiro, comecei a enfrentar problemas sérios nos relacionamentos pessoais, até a minha saúde sentiu esse efeito.

Notei que havia algo errado quando me dei conta de que, mesmo recebendo boa remuneração, trabalhava só para pagar dívidas, comer e vestir, exatamente como nos tempos passados em que a remuneração não alcançava nem um salário-mínimo. Então tinha nas minhas mãos e na minha vida a prova irrefutável de que o problema não era o quanto ganhava e sim como administrava esse ganho.

Raras foram as vezes que consegui usufruir integralmente dos valores que recebia por ocasião das férias e do décimo terceiro salário. O montante, que deveria ser investido para garantir a independência financeira, era utilizado para pagar parte das dívidas, na vã tentativa de sair do emaranhado financeiro em que me encontrava.

EDUCAÇÃO FINANCEIRA: A CHANCE, TALVEZ ÚNICA, DE UMA GRANDE VIRADA

Agarrei minha chance. No ano de 2017, comecei a buscar na internet informações a respeito de como me livrar das dívidas. Foi a primeira vez que tive contato com a educação financeira, e não parei mais. Depois de muitas pesquisas, conheci uma instituição que oferecia atendimento gratuito com profissionais da área, e comecei a participar de algumas palestras sobre o tema. Foi o ponto de partida de uma grande virada na minha vida endividada que, inclusive, recomendo para a sua.

Pesquisei mais informações acerca do assunto e tive a oportunidade de conhecer a **Metodologia DSOP**. Iniciei a especialização em Terapia Financeira com o intuito de obter informações que me ajudassem a encontrar o caminho para a manutenção de uma vida financeira equilibrada, uma vez que somente sair das dívidas não era mais suficiente para os meus anseios.

Se um dia tive o sonho de me ver sem dívidas, agora os sonhos eram mais ambiciosos e, nesse sentido, a **Metodologia DSOP** do PhD Reinaldo Domingos fez toda a diferença. Compreendi que uma vida financeira equilibrada requer total controle das nossas finanças, mudança de comportamento e nova mentalidade para lidar com o dinheiro. Somente com a educação financeira obtive clareza sobre a utilização dos produtos financeiros disponíveis no mercado e passei a utilizá-los com bastante cautela.

A aplicação desse conhecimento é de fundamental importância e credita ao ser humano o necessário poder para a tomada de decisão mais consciente com relação ao uso do dinheiro. Foi o que aconteceu comigo. Lembra-se dos oito cartões de crédito que utilizava? Parei de gastar, negociei com os credores e quitei todos. Tenho apenas um e utilizo de maneira estratégica, sem extravagâncias.

Fiz alguns ajustes na vida pessoal, sem deixar de aproveitar os bons momentos de lazer que a vida oferece. Procurei atividades mais econômicas e, todas as vezes que decido adquirir algum bem material, tenho em mente que isso implicará uma mudança de comportamento em relação ao dia a dia, e verifico a possibilidade de reduzir as despesas, de modo a encaixar o novo bem ao orçamento, em vez de inflá-lo.

Como servidora pública há mais de uma década, administro meu dinheiro de forma planejada. Aprendi a viver dentro do padrão de vida que escolhi, isto é, conheço o meu "eu financeiro", sei das minhas limitações e sempre questiono as reais necessidades de consumo, para evitar que ele seja por impulso e se transforme num gasto desnecessário que acaba trazendo mais problemas do que prazer.

Finalmente, assumi as rédeas da minha vida financeira, mantenho os compromissos financeiros em dia e não vivo mais como malabarista das finanças, a exemplo do que um dia enfrentei. Numa virada de jogo, ao invés de pagar juros, faço o dinheiro trabalhar a favor de meus sonhos. Como terapeuta e educadora financeira, assumi o compromisso de multiplicar esse conhecimento para que ninguém necessite carregar, ano após ano, uma bagagem de sonhos não realizados, rendimentos corroídos pelas dívidas, família prejudicada pelas escolhas, além da saúde abalada pelo fato de dormir e acordar pensando em dívidas, quando o ideal seria pensar em sonhos.

Sei como é importante sonhar e transformar sonho em realidade. Seja ele qual for, basta querer, planejar e agir. Isso mesmo, caro leitor. Não existe fórmula mágica. Tudo passa pelo querer. A boa utilização dos recursos financeiros proporciona a realização dos sonhos; mas, para que isso seja possível, é primordial que se adquira sabedoria e que se tenha prazer ao consumir de forma consciente e segura.

Um dia, o meu único objetivo era ficar livre das dívidas. Financeiramente educada, sei que sonhar é muito mais do que isso, é o combustível que nos impulsiona rumo a grandes conquistas. Descobri que sonhar é viver, e ninguém que tenha dívidas impagáveis pode se dizer plenamente vivo. Descobri, ainda, que as pessoas não empobrecem por falta de dinheiro, mas pela ausência de sonhos, uma vez que as dívidas têm a habilidade de escondê-los, às vezes, pela vida inteira.

DESEJO PONTUAL NÃO É SONHO. É, NO MÁXIMO, CAPRICHO

Considere o que aconteceria com você se hoje simplesmente decidisse não ir àquele restaurante badalado, não comprar aquele sapato de grife, não fazer aquela prorrogável reforma. Sabe o aconteceria? Nada. Como a sua essência sonhadora é muito maior do que os desejos pontuais, você continuaria sendo você, com a diferença de que poderia investir o dinheiro não gasto e usá-lo, adiante, em benefício dos verdadeiros sonhos.

Você é o seu maior patrimônio. Já pensou nisso? Por pior que seja a sua situação financeira hoje, tal qual aconteceu comigo, saiba que é possível dar a grande virada. Um importantíssimo passo para encontrar o fio da meada é buscar ajuda de especialistas, e isso, na maioria das vezes, requer investimento.

— *Já estou todo endividado e ainda terei que gastar mais dinheiro?* — *talvez pense o leitor.*

Eu também pensei assim um dia, mas a diferença é que no lugar do gasto está o investimento que vai garantir a direção correta para o barco das finanças, que há muito navega à deriva pelo mar das dívidas.

Quem realmente quer uma mudança de vida experimenta o cansaço e a asfixia das dívidas e deseja encontrar uma vida de equilíbrio e harmonia com as finanças, só tem um caminho, educar-se financeiramente. Sinta-se à vontade para me contatar, terei enorme prazer em ajudar você a conquistar aquilo que também conquistei: a vida de volta por meio da autonomia financeira.

Lidar com o dinheiro é muito mais do que trabalhar, receber salário e pagar as contas. Prevê sonhos e conquistas que resultam numa vida digna. Quem pratica esse bom viver acaba descobrindo que trabalhadores não precisam ser pobres; pois, se um dia foram, o motivo é elementar: faltava educação financeira, e agora, está ao alcance de todos os conquistadores de sonhos.

"A DIFERENÇA INICIAL ENTRE A RIQUEZA E A POBREZA ESTÁ NA MENTALIDADE. SE A DIFERENÇA INSISTE E SE ESTABELECE, SIGNIFICA QUE CRIOU RAÍZES NO COMPORTAMENTO."

MARA ROBERTA NEVES

TAREFA DO dia SER FELIZ

MARA ROBERTA NEVES

A vida me conduziu por belos caminhos de aprendizados. Inicialmente, dolorosos para que eu pudesse entender meus sonhos e meus propósitos, e assim, como o desbridar de uma ferida para dar caminho a uma cicatrização e base consistentes.

Antes de tudo sou filha de um Deus sensacional e de meus pais, João Alberto e Edna Santos, dois vitoriosos que criaram muito bem seus 5 filhos, dos quais sou a segunda. Aprendi desde pequena a importância de trabalhar, mas em especial o tema desse livro me tocou ao coração. Sendo médica do trabalho, com anos de experiência em ambulatórios, atendimentos em Saúde da família e pronto--socorros, vi várias vezes seres humanos se entregarem às limitações financeiras. Hoje servidora pública da saúde, educadora financeira, *master coach* integral sistêmica e analista de perfil comportamental e co-fundadora do treinamento @resgateseussonhos, acredito na beleza do cuidar do ser humano em sua integralidade e complexidade, apresentando possibilidades, mostrando a importância de se viver uma vida para realizar sonhos e encontrar um propósito na vida. E tudo se resume a uma forma: os desdobramentos do verbo e do mandamento "amar".

A POBREZA É UMA FOTO MOMENTÂNEA QUE NÃO MERECE PORTA--RETRATO

O mesmo princípio vale para o desejo de ser próspero. Trabalhar é um ato de trocar as habilidades por um valor monetário equivalente. Aí, já se inicia a diferença entre as pessoas que sabem seu valor e as que o desconhecem.

Quem não confia na própria performance, pode acabar vendendo exclusivamente a sua hora de trabalho, em busca de uma "garantia" de renda, seja com um serviço público ou privado, de carteira assinada. Mas sabia que trabalhar sem propósito pode levar à depressão?

O dinheiro pelo dinheiro não tem valor nenhum. São os sonhos que ele pode realizar, com as pessoas que lhe são especiais, que vão fazer a diferença e realmente te fazer rico.

Há quem trabalhe numa profissão específica, que é a junção do que é pago para fazer com o que se faz bem. Existe quem pode e vai além, aumentando essa intersecção para aquilo que ama e o que o mundo precisa.

Da convergência entre paixão, missão, vocação e profissão, vem o propósito. Viver com propósito e independência financeira é possível, viável e só depende de cada um de nós. Trabalhadores podem ser ricos, prósperos, independentes, felizes e realizadores de sonhos. Só precisam fazer um ajuste comportamental por meio da educação financeira, facilitada pela **Metodologia DSOP** do PhD Reinaldo Domingos, por exemplo. Vamos nessa?

Grande parte da população brasileira acompanha conceitos transmitidos para "a massa", amplamente divulgados em mídias sociais, em programas abertos representados por bordões que reverberam na mente. Esses conceitos são crenças, *drives*, termostatos que programamos em nós, conscientemente ou não, capazes de moldar nossos resultados. Eis alguns exemplos:

- *Tenho que ser rico para ser feliz.*

- *Nunca terei dinheiro suficiente.*

- *Não sei quando vou morrer, então é melhor gastar tudo agora.*
- *Pau que nasce torto, morre torto.*
- *Não sou capaz de cobrar o justo pelo meu trabalho.*
- *Dinheiro não é importante.*
- *Dinheiro não traz felicidade.*
- *Se eu for rico, não terei qualidade de vida.*
- *Todo rico é mau ou desonesto.*
- *Água só corre para o mar, e dinheiro só vai para quem já tem.*

Você talvez conheça alguém que se identifica com uma ou mais dessas crenças.

Além de crenças acumuladas e equivocadas, muita gente ainda não compreendeu que a pobreza tem uma explicação mais ampla que, inclusive, migra para a prática do dia a dia. Você conhece alguma pessoa que está sempre com reservas escassas e repleto de dívidas sem valor, aquelas que não agregam nada para a vida, que alega ter remuneração insuficiente, que vive na incerteza financeira, atrasa contas, tem gastos compulsivos, relacionamentos difíceis no trabalho e depende das horas extras para honrar os compromissos financeiros?

Cada circunstância mencionada reflete o resultado de ser pobre e traduz a situação real que muitas pessoas vivem no cotidiano. Como é possível perceber, pobreza não é só falta de grana e precisa ser definida em sentido abrangente: pobreza financeira, espiritual, mental ou material.

Gosto de trazer e ressaltar uma informação, para que fique bem clara: a pobreza é um resultado provisório, um estado mutável, uma foto momentânea, e alguns insistem em registrá-la em um porta-retrato, como se fosse essa a verdade e o destino em sua vida? Por isso, trabalhadores não precisam ser pobres. Se ouviu alguém dizer "o pobre trabalhador" e estava considerando acreditar nisso como verdade em sua vida, refute essa ideia agora mesmo.

Qualquer resultado (isso vale para os promissores e os decepcionantes) tem por origem os comportamentos, que derivam das crenças, da programação mental proveniente dos sentimentos advindos de pensamentos que, por sua vez, derivam de uma comunicação. É o que chamamos de matriz de formação de crenças. A matriz pode ser ativa, partindo de mim ou passiva (chegando até mim). Lembre-se desta ordem, que fará a diferença ao definir as escolhas que o levarão até a sustentabilidade financeira.

É perfeitamente possível e aplicável ao dia a dia das pessoas a **Metodologia DSOP** para encontrar seu "eu financeiro" e alcançar a sua sustentabilidade financeira. Além disso, é um importante caminho para os trabalhadores que, eventualmente, se enxergam pobres possam se tornar efetivamente realizadores de sonhos. Saiba que pobre é a pessoa que não tem sonhos, como sempre ressalta Domingos em seus treinamentos.

Essa metodologia comportamental de educação financeira permite a qualquer um de nós um caminho prático a ser percorrido. O primeiro pilar, Diagnosticar, revela a consciência dos hábitos financeiros, após o registro no *Apontamento Financeiro*, durante um mês para aqueles que possuem renda fixa, e durante três meses para aqueles que possuem renda variável.

O segundo pilar, Sonhar, traz em sua essência aquilo que é mais genuíno no ser humano: a capacidade de sonhar. Os sonhos nos movem e suas realizações nos satisfazem. Nesse processo, é preciso que você reconheça e registre três grandes sonhos: um de curto prazo (a ser realizado em até um ano), de médio prazo (até dez anos) e de longo prazo (acima de dez anos). Essa etapa vai lhe dar clareza das reais motivações em suas mudanças, foco e disciplina, aprendendo a adiar o prazer imediato para o prazer contínuo em realizar sonhos.

O terceiro pilar é o Orçar e tem como base o ajuste de seu dinheiro, priorizando os sonhos e compromissos pré-estabelecidos, com adequação de seu padrão de vida. Aí a matemática fica simples, levando-o ao compromisso com seus sonhos!

E, por fim, o último pilar Poupar. Existem diferentes formas de fazer seu dinheiro render. Inicialmente, criando o hábito de economizar, planejar, selecionar formas de pagamento, sempre reconhecendo seus recursos e gerenciá-los, de modo que sempre tenha um valor para ser investido na realização de seus três sonhos.

Por atuar há vários anos em pronto-socorro, saúde da família, saúde do trabalhador (tanto celetista quanto servidor público), poderia trazer vários exemplos de trabalhadores que vivem na pobreza, simplesmente por desconhecerem outras possibilidades. Essas pessoas jamais enfrentaram perguntas estratégicas. Por isso, peço que considere, sem muito pensar, qual seria a sua resposta para uma sequência de perguntas.

— *Você é realmente feliz?*

— *Você tem sonhos de curto, médio e longo prazos?*

— *Você sente que está na profissão certa?*

— *Você sente que está no caminho certo?*

— *Quais são os seus planos para os próximos 5, 10 ou 15 anos?*

Se essas perguntas "simples" causaram ao menos um incômodo, já me dou por satisfeita. Assim como um choque pode ajudar e reanimar a quem sofreu uma parada cardíaca, esse pode ser o seu choque, a exposição de suas feridas, para que as reconheça de uma vez por todas, e as aborde com a atenção necessária.

Saiba que não fomos feitos somente para sobreviver ou viver na escassez. E afinal, o que é abundância, prosperidade e riqueza?

Muitos nem sonham com esses termos, acham que "é coisa de gente rica" e preferem focar em suas limitações, em detrimento de suas possibilidades. É o foco nas possibilidades que liberta a imaginação para sonhar, imaginar e conquistar um futuro diferente. Só que muitos ainda insistem em parar de sonhar e de arriscar.

> *"Acredite; no mundo acelerado, quem não está crescendo, está morrendo."*

Como é triste ver alguém que opta por viver nessa confortável zona da morte lenta, que aprisiona, anestesia o cérebro e faz do ser humano um zumbi, um "morto-vivo" a se arrastar todos os dias.

Napoleon Hill, em seu livro *Quem pensa enriquece,* traz os seis principais medos do ser humano, e pela ordem de frequência, são eles: da pobreza, da crítica, da doença, de perder o amor de alguém, da velhice e da morte.

Assim como na medicina cada doença tem um ou mais sintomas, o medo da pobreza tem os seus, sendo que um ou mais se manifestam em cada pessoa, conforme a matriz de formação de crenças, que expliquei há pouco.

Diagnosticar o medo da pobreza ou reconhecer essas e outras fragilidades não é tarefa simples, mas é possível e representa um progresso, lembrando que um dos maiores desafios da educação financeira é a conscientização do atual cenário que a pessoa vive. Esse é o primeiro pilar de ação na educação financeira, e sua execução já vem acompanhada de extrema clareza sobre o gerenciamento do dinheiro.

Conscientes de como funciona o cérebro em relação ao desejo de prosperidade e ao medo da pobreza, uma pergunta se insinua naturalmente. Se os trabalhadores não precisam ser pobres, como podem ser ricos ou deixar de ser pobres?

Apesar de parecer a mesma pergunta, as abordagens são diferentes. Antigamente, dizia-se que "o que move o ser humano é a fuga da dor ou a busca pelo prazer". Infelizmente, vários desistem da última ao se depararem com os obstáculos inerentes da jornada da vida. Em contrapartida, a fuga da dor desperta um instinto de sobrevivência, ou reforça uma casca de "falsa anestesia" diante da vida.

> *"Parece que não dói nada sobreviver aos efeitos da pobreza e no fundo, existe sim uma dor que corrói a alma."*

É preciso acordar do sono profundo, da inércia e do piloto automático. E para isso, é preciso voltar a ter esperança. Sonhar, planejar e definir uma resposta concreta para a pergunta:

Que tipo de combustível te move para realizar os sonhos?

A dor, o medo, o constrangimento, o coração, a família, o propósito e a consciência são combustíveis interessantes, ótimos conselheiros para a mudança. Porém, a vida e os sonhos são seus e a resposta deve vir da alma.

No projeto "Resgate seus sonhos" em que faço parte, acredito que uma pessoa movida por sonhos volta a viver, a estampar a alegria. Um dos sonhos principais de toda a população trabalhadora é "poder sonhar", em vez de sobreviver aos comandos de "precisar dar foco para a vida real", cujas necessidades são capazes de sobrepujar vontades. Tendo os sonhos como foco, o trabalhador já se torna uma pessoa rica.

Nós já vimos a importância do reconhecimento dos seis principais medos do ser humano, da comunicação e do comportamento que, em última instância, levam à pobreza. É hora de ajustar o foco, saindo das evidências, do problema, da limitação, e partir para a solução! Para isso, basta ter uma máxima em mente: "O que foca expande". É possível expandir nossos resultados para riqueza material, espiritual e emocional. Para isso, vamos desenvolver uma maneira efetiva de trabalhar comunicação, pensamento e sentimento efetivos para a riqueza. Você já aprendeu alguns principais conceitos da **Metodologia DSOP**, e em seguida, complemento com alguns exercícios.

Inicialmente, partimos para um sonho. Num mundo onde tudo é possível, escreva 3 sonhos financeiros para sua vida. Podem ser aquisições materiais e/ou experiências. Lembre-se de que sonhar é livre. A grande diferença de um sonho sonhado sem planejamento financeiro e um sonho como pilar da **Metodologia DSOP** são as informações para cada um deles (aproveite para deixar registrado seus sonhos):

Qual é o meu sonho?	
Quanto ele custa?	
Quanto vou guardar por mês para realizar meu sonho?	
Em quanto tempo o realizarei? (escreva também qual a data de realização).	

Fonte: DOMINGOS, Reinaldo. Terapia Financeira. 2ª Edição. São Paulo. Editora DSOP. 2013.

Agora você, trabalhador, começou a sonhar e entrou na jornada de realização. Seus sonhos são seus, tenha-os como foco nesse processo de mudança. Com sua energia focada para realização mediante ajuste de comportamento, a consistência leva ao sucesso.

Para cada um de seus sonhos de curto, médio e longo prazos, faça um desenho representativo, para trabalhar boas emoções nessa jornada. Você não precisa ser um artista, mas se coloque no desenho, sorrindo, coloque pessoas importantes ao seu redor, escreva quais são seus sentimentos realizando essa grande conquista! Não esqueça de colocar uma data para acontecer. Lembre-se de que não precisa racionalizar, e que tal colocar aquela sua música favorita, animada ou instrumental para te ajudar?

Sonho: **Data de realização:**

Sentimentos a realizar:

Para cada sonho vamos estabelecer um foco para expandir suas possibilidades nas áreas da comunicação, do pensamento e do sentimento.

Ampliando a COMUNICAÇÃO para o seu sonho

Escreva um plano de ação*:

_____
_____
_____
_____

Liste 3 modelos de sucesso financeiro para seguir e porque (modelagem). Quem já realizou esse sonho? O que foi feito?

_____
_____
_____
_____

Procure imagens que representem o seu sonho sendo realizado e cole aqui (visão positiva de futuro).

---

*Plano de ação contempla quais ações você fará para a meta acontecer, com quais recursos, em qual data, estabelecendo a sua motivação.

Ampliando o PENSAMENTO para o seu sonho

Quais 3 livros sobre gestão financeira você vai ler e reler*.

_____
_____
_____

Quais novos treinamentos financeiros você fará para adquirir novos conhecimentos (presencial ou on-line).

_____
_____
_____

Observe e reformule seu arsenal de músicas e filmes para que te estimulem para realizar seus sonhos.

_____
_____
_____
_____
_____
_____

*(recomendo colocar _Terapia Financeira_ do PhD Reinaldo Domingos na lista!)

Ampliando o SENTIMENTO para o seu sonho

Diariamente, por cerca de 7 minutos, visualize sua visão positiva de futuro acontecendo em sua vida.

Faça um ensaio mental do seu futuro, como se já fosse realidade: Como seria seu dia com esse sonho realizado?

Diariamente, vá acrescentando detalhes cada vez maiores à sua visão; aumente o tamanho da casa, a magnitude dos resultados, a alegria das pessoas.

Um detalhe importantíssimo desse novo comunicar-pensar-sentir: A intensidade, a seriedade e a frequência ao longo do tempo determinarão o sucesso da realização. E nessa jornada de crescimento e desenvolvimento enquanto pessoa, tão importante quanto alcançar cada um desses sonhos que foram traçados, é cultivar bons sentimentos, principalmente de gratidão e de alegria, e curtir, aproveitar, celebrar cada etapa, cada passo, principalmente, os relacionamentos construído ao longo do caminho.

Por fim, você poderá compreender que talvez seu maior ativo é o tempo e as pessoas que o compartilham com você. Gerencie-os da melhor maneira possível! Não esqueça de me contar de seu sucesso e aprendizado. Deixe seu relato no contato. Como gosto de ressaltar, conhecimento sem ação, gera frustração. Conhecimento em ação é sabedoria, e o sucesso está na jornada!

Vamos lá conquistar toda a riqueza e a prosperidade que merecemos? **Vamos resgatar e realizar sonhos?**

> "ALTO PADRÃO DE VIDA NÃO É SINÔNIMO DE ALTA QUALIDADE DE VIDA."
> RICARDO NATALI

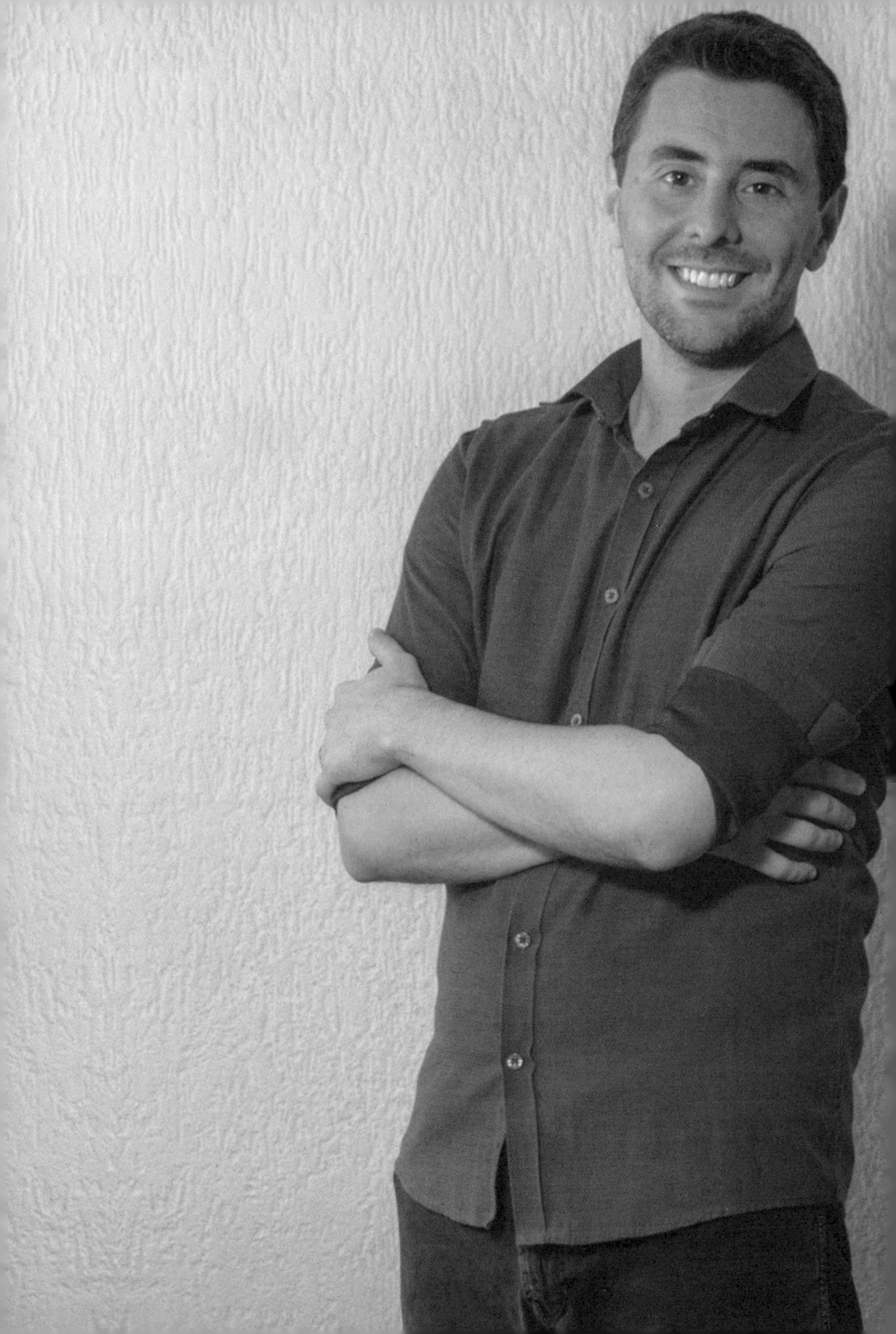

RICARDO NATALI

Educador financeiro membro da Associação Brasileira de Educadores Financeiros (Abefin), professor de finanças pessoais, palestrante e autor do livro *Lucro FC: aprenda o esquema tático para conquistar a independência financeira*. Ricardo tem mais de dois milhões de visualizações no YouTube, é fonte de informação para diversos veículos de mídia, como Globo News, Globo e Rede Record e os portais Terra, IG e Infomoney. É pós-graduado em Neurociência com Educação Financeira para Docentes pela DSOP/Unoeste.

Criou o Lucro FC, projeto de educação financeira que utiliza analogias e comparações com o futebol para ensinar finanças pessoais, por meio de uma linguagem simples, direta e prática, os principais conceitos relacionados ao tema. A dificuldade em entender os termos econômicos desenvolveu uma aversão dos brasileiros ao planejamento financeiro. Esse trabalho surge para tapar uma lacuna na educação financeira dos brasileiros e tornar possível aprender de maneira simples. Essa é a motivação necessária para as pessoas organizarem suas finanças buscando a sustentabilidade financeira e a possibilidade de se tornarem investidoras.

APAIXONE-SE POR INVESTIMENTOS E NÃO POR DÍVIDAS

Ainda que pareça contraditório, por uma questão cultural, alguns trabalhadores brasileiros se apaixonam por dívidas, por mais que o ideal seja desenvolver a paixão por colocar parte do dinheiro que passa por suas mãos em investimentos financeiros. Quer melhorar de vida? Quer ter uma aposentadoria sustentável? Quer pensar na sua sustentabilidade e da sua família? Saiba que isso é possível para todos os trabalhadores. E já adianto que o método é simples: basta ser um gerador de patrimônio.

A solução é não se endividar, gerar patrimônio e viver da renda que ele pode proporcionar.

Apresento as histórias de Felipe e Marcelo, irmãos, nascidos e criados em São Paulo, que sempre contaram com o apoio dos pais. Estudiosos, cursaram as mesmas escolas. Felipe tem 40 anos e já se aposentou (vive da renda de seus investimentos financeiros), é casado e faz uma viagem por ano com a família. Marcelo tem 55 anos, não conseguiu se aposentar, está endividado, é separado, não viaja e sequer tem dinheiro para comprar os remédios que a sua saúde debilitada necessita.

Você deve estar se perguntando:

Se as características de origem, as oportunidades, os estudos e a educação familiar são iguais, como uma pessoa quinze anos mais jovem pode estar numa situação tão melhor?

A resposta é bem simples e se resume a uma palavra: **ESCOLHAS**.

A vida é feita de decisões e não devemos viver do acaso ou contar com a sorte. Isto é, as suas decisões de hoje impactarão no seu futuro. Por isso, quanto antes pensar em um planejamento financeiro e tomar as rédeas da própria vida, maior será a chance de conquistar a qualidade de vida que tanto deseja. E a boa notícia é que não precisa esperar a terceira idade para usufruir das suas escolhas.

"O ser humano não deve e tampouco merece ser apenas pagador de contas. Foi criado para ser um abundante gerador de patrimônio e viver da renda proveniente dele."

Para isso, portanto, é preciso se desvencilhar da grande armadilha do ciclo de vida financeiro do brasileiro de classe média. Uma simples mudança de mentalidade vai proporcionar para você e sua família grande qualidade de vida. Assim que terminar a leitura, você vai perceber qual é o caminho da riqueza e do bem-estar.

Até completar 26 anos, Marcelo viveu na casa dos pais, quando se casou e passou a tomar suas decisões sem o auxílio dos familiares. Até os 18, ele foi sustentado pelos pais. Dos 18 aos 25 anos, dedicou-se aos estudos e conseguiu alguns empregos. Pagou seus estudos, mas não precisou contribuir com os gastos domésticos; portanto, dispunha de uma boa qualidade de vida usando seu salário apenas para as realizações pessoais.

Com 26 anos, Marcelo estava de malas prontas para deixar a casa dos pais. Nesse momento, ele se deparou com o que eu chamo de "armadilha da classe média", em que uma grande mudança de vida aconteceu. A cada dia, novas decisões devem ser tomadas, e elas podem ser determinantes para a saúde financeira de toda uma vida.

A armadilha não é só para quem se casa. Mudar-se da casa dos pais é um choque de realidade, tanto para quem vai morar sozinho, quanto para quem vai dividir o teto com alguém. É normal que todos nessa situação queiram manter o alto padrão de vida, ou pelo menos, algo parecido com o que ocorria na casa dos pais. Porém, é necessário entender que não se tem mais o auxílio dos parentes, o que torna inevitável diminuir um pouco o padrão de vida para garantir um futuro sem endividamentos.

"É um erro achar que a saída da casa dos pais é o auge da vida financeira. Ato contínuo, é insensato tomar as decisões mais caras de sua vida ao mesmo tempo."

Marcelo não estava acostumado com os diversos gastos domésticos, para ele inéditos. Mesmo assim, queria manter o padrão de vida alto, além de realizar vários desejos caros ao mesmo tempo (casa própria, casamento, lua de mel e um bom carro). Esta é, portanto, a grande armadilha: para realizar todos esses desejos imediatos, Marcelo e sua esposa Adriana decidiram endividar-se por trinta anos financiando a casa própria e trocando de automóvel a cada cinco anos por meio de generosas prestações retiradas de seus orçamentos. Ainda que não soubessem, Marcelo e Adriana favoreciam o imediatismo em detrimento da qualidade de vida atual e futura.

Realizar sonhos baseados em impulsos consumistas e sem alicerce financeiro é uma decisão temerária. Gastar mais do que se tem, ou não poupar nada, talvez facilite o bem-estar momentâneo, mas é um grande perigo para o futuro (é provável que você se lembre de algum conhecido cuja aposentadoria não é suficiente para se manter sem nenhuma dificuldade).

Um dos problemas do casal foi manter um padrão de vida acima das possibilidades, comprometendo os anos seguintes. O ideal é se manter a um degrau abaixo do seu padrão de vida, para acumular riqueza, aumentar o patrimônio e conseguir viver de renda. Entenda-se, o padrão de vida é o conjunto de bens ou serviços que compromete suas receitas. Portanto, o carro importado na garagem vai despender uma grande porcentagem do salário para o pagamento das prestações, manutenções e impostos, enquanto o carro popular, uma bicicleta ou o transporte público geram gastos bem menores.

Desse modo, manter o padrão de vida mais barato proporciona a vantagem de se poupar recursos. Dinheiro poupado é convertido em investimento financeiro, o que permite uma substancial melhora na qualidade de vida no futuro. Além disso, é necessário sempre ter três sonhos ao mesmo tempo, de curto, de médio e de longo prazos.

Posso relatar a história do proprietário de um carro luxuoso que sequer tinha permissão para guardar o carro em sua garagem, uma vez que o bem estava sub judice, isto é, submetido a busca e apreensão. Sabe o que isso quer dizer? Ele tinha dívidas com tantos credores que eventuais bens que viesse a possuir seriam tomados pela justiça. Eu pergunto:

Que tipo de qualidade de vida tem o sujeito que não pode guardar o próprio carro em casa uma vez que ele pode ser confiscado?

Como o proprietário do carro poderia colocar a cabeça no travesseiro com tranquilidade e planejar uma boa vida para ele e os filhos uma vez que não conseguiu manter o próprio nome limpo?

É preciso mudar a mentalidade e inverter a ordem das decisões. Em vez de buscar as realizações de nossa vida com dinheiro emprestado, melhor seria acumular um patrimônio que gere renda suficiente para essas realizações. É o famoso termo denominado independência financeira. Quando esse nível é atingido, você não será mais um pagador de contas, pois as contas serão pagas apenas com o rendimento das aplicações financeiras.

Poupar e investir todo mês vai gerar patrimônio suficiente para as suas realizações. Quanto mais rápido perceber isso e colocar o plano em ação, melhor. Você fará seu dinheiro valer mais, vai estar imune aos imprevistos e mais perto das realizações.

É importante mudar a chave de posição e colocar o dinheiro para trabalhar por você.

Você sabia que, ao pagar por bens e serviços em parcelas, o tempo também vale dinheiro? Isso significa que, caso você não tenha dinheiro para pagar por algo no presente, e acaba recorrendo a um empréstimo (normalmente de uma instituição financeira), vai precisar arcar com altas taxas de juros. Portanto, o desejo imediatista faz com que se pague duas ou três vezes o valor real do item.

O hábito de poupar e investir dinheiro todo mês representa a virada do jogo. Os juros compostos, antes atacantes do time adversário, passam a jogar como zagueiros de seu time e fazem o patrimônio crescer, numa verdadeira e positiva bola de neve, bem diferente daquela que é conhecida pelos endividados.

Este é o antídoto para a armadilha da classe média: poupar e investir todo mês, criar o hábito que é a chave para melhorar a qualidade de vida e traçar o plano de independência financeira. É claro que aprender mais sobre os tipos de investimento do mercado financeiro é benéfico; porém, o antídoto é bem mais importante. De nada adianta ter rendimentos altíssimos em investimentos complexos se não tiver um patrimônio para investir.

Marcelo viveu dos 30 aos 55 anos em uma casa financiada que não era dele até a quitação total do empréstimo com o banco. Devia dinheiro à instituição financeira e pagava bem acima do que a casa valia, por causa dos juros que jogavam no time adversário. Em nenhum momento, usou o auge profissional e a geração das receitas que teve para investir ou constituir um patrimônio que gerasse renda. Ele simplesmente pagou as altas contas de suas decisões.

Perto dos 60 anos, sem ter conseguido montar um patrimônio relevante, depois de muitas brigas no casamento por causa da relação danosa com o dinheiro e a derradeira separação de sua companheira, Marcelo encontra-se em maus lençóis. Bem distante do ápice profissional, tem renda baixíssima, proveniente de serviços esporádicos. Há tempos não tem emprego fixo, já que o mercado de trabalho é muito mais difícil para os funcionários "jovens há mais tempo", e está distante da aposentadoria concedida pela Previdência Social, que não será o suficiente para os seus gastos.

Infelizmente, a curva da qualidade de vida dele diminuiu muito. O desejo de manter o alto padrão de vida, reforçado pelas escolhas feitas por volta dos 30 anos, agora o prejudicam. Marcelo não construiu um patrimônio para viver dele e, como consequência, depende de renda mensal para sobreviver, sem ter muitos meios para conquistá-la.

Tenho percebido que, analisando meus clientes, parentes e amigos, dificilmente um aposentado é independente financeiramente, sendo que a maior parte depende da ajuda dos filhos, de assistência social ou de continuar em atividade, trabalhando num período em que deveria estar aposentado.

Marcelo recebe ajuda mensal da filha para pagar as contas. Além de não se manter sozinho, ainda prejudica a vida financeira dela, que está no auge profissional, mas não consegue construir patrimônio, já que precisa pagar as contas do pai. A melhor herança que os pais devem deixar para os seus filhos é a própria independência financeira. Assim, deixam os filhos livres para os sonhos, planos e objetivos de vida.

A solução para deixar de ser apenas um pagador de contas e se tornar realizador de sonhos é ser educado financeiramente e fazer boas escolhas. Considerando o ciclo de vida do brasileiro médio, virar a chave e ganhar o jogo consiste em evitar o imediatismo, realizar um planejamento para a realização de todos os objetivos e ter disciplina constante para trabalhar em favor do aumento do patrimônio por meio dos hábitos de poupar e investir todos os meses.

Felipe, por sua vez, seguiu muito bem essa estratégia. Logo que se casou e saiu da casa dos pais, aos 26 anos, em decisão conjunta com a esposa Jéssica, decidiu poupar e investir 15% do orçamento mensal para a construção do patrimônio e garantir a independência financeira. Felipe concluiu esse objetivo aos 40 anos, contando com muita disciplina e conhecimento.

A receita para poupar esses 15% ao mês foi simples: diagnóstico financeiro e orçamento doméstico. Logo que começaram a morar juntos, durante os primeiros trinta dias, o casal:

- Anotou todos os gastos divididos por categorias, por exemplo: supermercado, farmácia, telefone;
- Observou por onde o dinheiro saía desnecessariamente;
- Fez uma boa análise e montou um orçamento para as despesas do mês;
- Percebeu algumas boas possibilidades de economizar e o fez, ciente de que esse dinheiro poupado seria investido na futura independência.

No primeiro ano de casados, o casal poupou e alcançou a meta almejada com duas opções estratégicas. Optaram pelo uso do transporte público e venderam o carro da família. Levaram marmita para o trabalho e diminuíram os gastos com alimentação fora de casa. Veja, a seguir, as contas* do casal após o diagnóstico:

RECEITA		DESPESAS
SALÁRIO DO CASAL	R$ 5.000	
MORADIA		R$ 1.500 (30% DO TOTAL)
TRANSPORTE		R$ 1.000 (10% DO TOTAL)
ALIMENTAÇÃO		R$ 700 (14% DO TOTAL)
SAÚDE		R$ 300 (6% DO TOTAL)
BEM-ESTAR		R$ 1.500 (30% DO TOTAL)

*Orçamento financeiro tradicional

A solução foi poupar* um pouco em cada categoria e adicionar mais um tópico, o verdadeiro segredo do sucesso, colocando a independência financeira em primeiro lugar, com o auxílio dos investimentos.

	RECEITA	DESPESAS
SALÁRIO DO CASAL	R$ 5.000	
MORADIA		R$ 1.500 (30% DO TOTAL)
TRANSPORTE		R$ 500 (10% DO TOTAL)
ALIMENTAÇÃO		R$ 450 (9% DO TOTAL)
SAÚDE		R$ 300 (6% DO TOTAL)
BEM-ESTAR		R$ 1.500 (30% DO TOTAL)
INVESTIMENTOS (SONHOS DE CURTO, MÉDIO E LONGO PRAZOS):		R$ 750 (15% DO TOTAL)

*Orçamento financeiro com educação financeira

Perceba que o casal não alterou o bem-estar, ou seja, continuou com todos os gastos necessários para manter a qualidade de vida dentro de um padrão aceitável para ambos. Não foram cortadas as viagens que gostariam de fazer, as pizzas do fim de semana e tampouco as preferências em geral. Apenas adaptaram a vida para a receita que tinham, sempre colocando os sonhos em primeiro lugar. Foi uma ótima escolha que espantou para longe os fantasmas da pobreza.

Diagnóstico, análise e orçamento podem e devem mudar ao longo do tempo para acompanhar os desejos e prioridades do casal durante o ano, que também mudam. O indicado é que esse processo seja feito uma vez por ano. No caso de Felipe e Jéssica, depois de alguns anos, poderiam priorizar a compra de um automóvel, por exemplo. Porém, nunca fariam uma compra que impossibilitasse manter a disciplina do antídoto (poupar e investir todo mês) e, muito menos, que não coubesse no orçamento mensal. Em outras palavras, não fariam uma dívida que não pudessem pagar.

O detalhe importante é que cada pessoa ou família tem objetivos e orçamentos diferentes. Para alguns, o carro é essencial e não há como cortar esse gasto. Deve-se fazer o diagnóstico financeiro e entender a situação pela perspectiva da individualidade, a fim de identificar as alternativas de economia. Em alguns casos, talvez, conclua-se que não é possível poupar nada (pessoalmente, acredito que sempre existe um jeitinho de cortar algo) e, nesse caso, a solução é buscar aumento das receitas, focar na geração de um trabalho que gere renda extra ou dedicar-se ao desenvolvimento profissional e aumentar o salário.

Felipe e Jéssica decidiram usar todas as ferramentas que tinham para acelerar a concretização do sonho. Basearam-se em três estratégias: gerar mais receitas, poupar mais e investir melhor. Quando o casal percebeu os benefícios de não ser pagador de contas e sim gerador de patrimônio, decidiu aproveitar o auge profissional em que os dois se encontravam para gerar mais: fizeram hora extra e investiram em cursos e especializações técnicas, que resultaram em promoções e aumento de salário.

Outra estratégia bem utilizada foi reduzir impulsos consumistas e poupar o máximo que o orçamento doméstico permitia. O segredo do sucesso dessa etapa foi determinar um valor mensal e retirá-lo da conta corrente no exato dia que o salário era creditado. Chamo isso de "pague-se primeiro". Todos temos contas para pagar, mas nenhuma conta deve ser quitada antes de pagar a nós.

> *"No dia que o dinheiro entrar na sua conta, automaticamente, transfira uma parte para os sonhos e/ou independência financeira aplicando em algum tipo de investimento, pois o hábito de poupar e investir é a chave do enriquecimento."*

Para potencializar ainda mais a independência financeira, que é uma necessidade, e abreviar em muitos anos esse objetivo, o casal estudou bastante sobre as alternativas de investimento. No começo, ficaram craques nas aplicações de renda fixa, que são as mais conservadoras. Ano a ano, investiram em conhecimento e aprenderam sobre investimentos mais arrojados e rentáveis, conhecidos como renda variável. Desse modo, aos poucos, o dinheiro investido cresceu exponencialmente. Em menos de dez anos, os valores investidos dobraram.

Dessa maneira, fazendo as escolhas certas entre os 20 e 30 anos, as pessoas devem definir seus sonhos, aproveitar a vida, mas sempre poupar uma parte das receitas para aumentar o patrimônio e viver da renda acumulada. É como a fábula da cigarra e da formiga: construir estoque no verão para consumir no inverno nebuloso.

A grande armadilha, o grande vilão do brasileiro financeiramente mal--educado, tem nome e sobrenome: Crédito Fácil. Boa parte da população tem a falsa ilusão que só vai conseguir a realização de algum sonho se comprar parcelado. Chegou o momento de mudar essa nociva mentalidade.

PARA TER UM CARRO, SÓ EM "SUAVES" PRESTAÇÕES?

Errado!

Respeite seu padrão de vida. Se precisar de transporte público por um pequeno período e adiar a compra do carro, vai conseguir pagar à vista e em menos tempo que os 72 meses propostos pelas concessionárias, situação em que se paga o dobro por um bem depreciável que vai valer menos da metade quando for revendido. Comprar um carro não é a única alternativa de transporte na vida de uma pessoa.

PARA FAZER UMA VIAGEM, SÓ MESMO PARCELANDO NO CARTÃO DE CRÉDITO?

Errado!

Faça um orçamento priorizando os sonhos. Reserve uma parte do salário e coloque em algum investimento. Esse dinheiro renderá muito mais na aplicação. Você fará a viagem dos sonhos no tempo certo e, ainda por cima, conseguirá pedir desconto por pagar à vista. Faça pesquisa de preços e adapte a viagem para um destino que caiba no bolso, sem esquecer de aproveitar as milhas que as companhias aéreas distribuem (é possível conseguir muitos descontos ou até isenção no preço das passagens aéreas).

PARA REALIZAR O SONHO DA CASA PRÓPRIA, O ÚNICO JEITO É O FINANCIAMENTO?

Errado!

Não há problema em financiar um imóvel, desde que caiba no orçamento mensal. O maior erro é gastar todo o dinheiro em um financiamento e não sobrar nada para poupar e investir na qualidade de vida. De nada adianta ter um imóvel registrado em seu nome sem fazer mais nada na vida e, ainda por cima, estar à mercê de imprevistos. Imagine perder o emprego e não conseguir pagar as prestações. Se você é recém-casado, espere para tomar a decisão de compra. Enquanto isso, alugue um imóvel de padrão um pouco menor. Invista parte do salário para comprar a casa daqui a alguns anos, ou dar uma bela entrada. Por exemplo: se você tem R$ 1.000 por mês disponíveis para moradia, prefira pagar um aluguel de R$ 800 e investir os outros R$ 200. Garanto que você terá dinheiro suficiente para comprar o imóvel à vista muito antes do que o financiamento, desde que mantenha a disciplina de investir mensalmente em boas aplicações.

Priorize sempre o equilíbrio entre o consumo e a construção de patrimônio. Com certeza, a realização de sonhos de curto, médio e longo prazos são fundamentais para o bem-estar, mas o controle emocional e financeiro para essas realizações é potencializado em um plano bem estruturado de independência financeira. Diga não ao imediatismo e diga sim à construção de patrimônio, com o hábito de poupar e investir todo mês.

A armadilha principal é não ter patrimônio nem dinheiro. O real sentido do dinheiro é, sim, realizar sonhos e objetivos, mas não antes da hora. Culturalmente, o brasileiro parece ter paixão por dívidas; pois, quando sobra algum dinheiro, rapidamente faz uma nova compra parcelada. Não deve ser assim. Tenha controle e faça as boas escolhas que vão proporcionar mais realizações e qualidade de vida.

Uma pequena mudança de mentalidade forma vencedores que eliminam a pobreza de atitude, planos, sonhos e dinheiro. Por isso, gere patrimônio e viva dele. Tecendo uma derradeira analogia com a fábula da formiga e da cigarra, nos exemplos citados, Felipe e Jéssica atuaram como formigas, enquanto Marcelo colheu os resultados da cigarra.

Em sua vida, pense nisso: tenha sonhos e priorize-os, investindo para potencializá-los, pois a formiga trabalha um pouco mais que a cigarra e consegue ótimos resultados. Imagine aquela que decide trabalhar mais, com foco na realização de seus sonhos e de sua família, com disciplina e dedicação...

"ENCONTREI NA METODOLOGIA DSOP A CONSISTÊNCIA DE QUE ELA É TRANSFORMACIONAL: VOCÊ NÃO VAI CORTAR GASTOS SÓ POR CORTAR OU AUMENTAR OS GANHOS SÓ PARA GANHAR MAIS. NADA DISSO SE SUSTENTA SEM UM PROPÓSITO."

PATRÍCIA BOSCARIOL

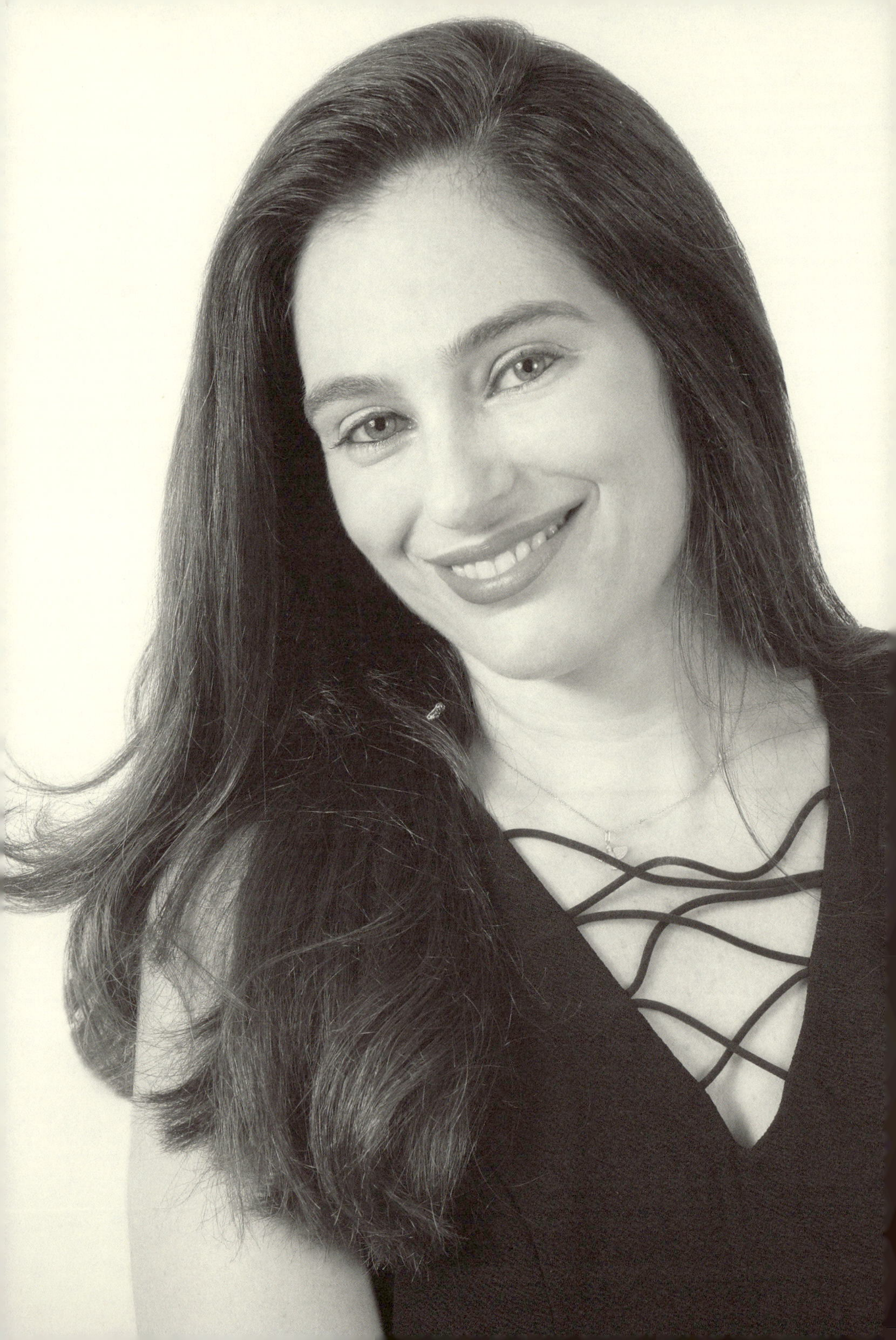

PATRÍCIA BOSCARIOL

Nasci e cresci em Piracicaba. Sou filha de pais comerciantes, que geraram muitos empregos e me ensinaram, além de viver de forma simples e dentro do meu padrão de vida, que é pelo trabalho que podemos realizar nossos sonhos.

Comecei a trabalhar aos 13 anos ajudando a minha mãe na empresa dela e, aos 17 anos, juntei dinheiro para ir ao Canadá fazer um intercâmbio, já aplicando os conhecimentos que hoje tenho o prazer de ensinar.

Sou graduada em Administração de Empresas. Além de educadora e terapeuta financeira, também fiz a pós-graduação em educação financeira pela DSOP e me tornei membro da Associação Brasileira de Educadores Financeiros (Abefin).

Sou mãe do Gabriel e do Davi com muito orgulho, e concilio a vida de bancária com a de terapeuta financeira. Sinto muita alegria ao ver a felicidade das pessoas que, com simples mudanças, puderam, e ainda podem, resgatar os sonhos adormecidos.

Adoro aprender, e sei que o trabalho é a forma com que nos tornamos cada vez melhores, pois não é nada mais que uma forma de colocar nosso talento a serviço das pessoas. Quanto mais conhecimento tivermos, melhor será nossa forma de servir a sociedade.

TODO DOM É MELHOR EXERCIDO COM A EDUCAÇÃO FINANCEIRA

Todo ser humano nasce com um dom, um talento divino que a pessoa é capaz de oferecer ao mundo e à humanidade.

- O dom de ser mãe em tempo integral e formar grandes homens e mulheres.
- O dom de ser professor e transmitir o tão necessário conhecimento.
- O dom de ser metalúrgico e tornar útil uma peça que antes era só um pedaço de metal.
- O dom de ser engenheiro e edificar pontes que aproximam pessoas.
- O dom de ter e administrar a própria loja e gerar empregos.
- O dom de liderar pessoas em empresas, para que ambas alcancem destaque.

Seja qual for o chamado, quem se propõe a dar o seu melhor e a servir ao próximo em seu trabalho terá reconhecimento. Fui fazer *coaching* para descobrir detalhes sobre o meu talento. Apesar de gostar de números e ter facilidade para lidar com as finanças, trabalhava como caixa de um banco havia seis anos, sem a menor expectativa de crescimento e paixão alguma pelo que fazia.

Devo fazer justiça e deixar claro que a instituição financeira não tinha qualquer culpa pelo meu descontentamento. Ainda assim, eu me sentia fora do lugar. Não gostava de atividades repetitivas, não via sentido algum no que fazia, não conseguia dar o meu melhor e tampouco vislumbrava o que poderia fazer de diferente. Aquilo era um fardo, tanto para mim como para as pessoas que estavam ao meu redor, pois seria ingenuidade minha pensar que não percebem quando se deparam com alguém que trabalha em determinado lugar por obrigação. Continuar daquele jeito não dava mais, e foi aí que tive a grande sacada: quem precisava mudar era eu.

Quando cheguei à primeira sessão de *coaching*, falei logo de cara:

— Sou muito aplicada e faço tudo o que for proposto, mas quero deixar o atual emprego de qualquer maneira, e estou disposta a pagar o preço disso.

No decorrer das sessões, fui identificando o meu talento para a educação financeira. Foi o despertar para uma nova vida. Decidi me capacitar e atuar na área. Afinal ninguém está apto a ensinar se não tiver uma base, um método. A *coach* recomendou que eu fosse até São Paulo para fazer um curso que usa como base a **Metodologia DSOP**.

Quando fiz o curso, pensei:

Meu Deus, que maravilha. Tem tudo a ver com o que eu já faço e pratico em minha vida, só que esquematizado em pilares e valores.

Somava quinze anos de trabalho no banco e da rotineira função de caixa, havia ascendido até o cargo de assistente de negócios. Em paralelo, comecei a atender clientes, e percebi que conseguia ajudá-los por meio de conhecimentos sobre finanças que eu acumulava, potencializados pela aplicação de uma metodologia comportamental sobre educação financeira.

Com o coração cheio de alegria pelo novo trabalho como terapeuta financeira, consegui avaliar meu trabalho no banco com novos olhos. Dele, tirava o meu sustento, e me permiti atender os clientes de forma leve, sem depender exclusivamente disso. O trabalho fixo me dava muita segurança e sentia o prazer de atender pessoas fora do banco. Como tinha experiência, sabia como era difícil trabalhar sem prazer algum, e isso me ajudou a tornar a minha vida e a de cada cliente mais feliz.

O processo não aconteceu do dia para a noite. Foi uma construção de longo prazo; com efeito, até mesmo nos dias em que escrevo estas páginas. Embora o ritmo de implementação das mudanças tenha sido lento, realizava o sonho de viver e praticar o dom natural de ajudar o semelhante a lidar com as finanças.

Mais feliz com a nova vida paralela, comecei a me destacar no banco, a receber premiações e a tratar cada cliente com especial atenção, com o mesmo carinho que atendia um cliente fora do banco. Queria ajudar e oferecer o que realmente fosse bom. Desde um seguro a um empréstimo, eu explicava tudo com a maior paciência, para que o cliente entendesse o motivo daquela necessidade. Dessa forma, consegui unir dois trabalhos de forma harmônica, com muita satisfação em ambos, colocando fim aos dias de infelicidade.

Há uma grande diferença entre os dois trabalhos. No banco, cumpre-se ordens, metas e horários. É impessoal, com a mínima liberdade. Por outro lado, há vários benefícios que um trabalho estável pode proporcionar. Já a atividade de terapeuta financeira é o meu chamado, o meu dom. Tenho a liberdade de definir o que, por que, onde e como tratar cada assunto. Posso falar abertamente com o cliente e me comprometo com a vida das famílias que atendo. Recebo a chance de acompanhar de perto as mudanças de comportamento, além de celebrar cada vitória alcançada e vibrar com essa caminhada em direção aos sonhos das pessoas. Na verdade, eu sonho junto, no sentido de torcer.

Nem sempre um dom se mostra com facilidade. O mundo está cheio de gente que se formou em exatas, até descobrir que seu dom estava na área de humanas e vice-versa. Logo, investigar e descobrir o dom é um privilégio, mas é preciso persistir, dia a dia.

Ainda que eu saiba qual é o seu, sempre há algo a aprender. No meu caso, antes da DSOP, quando descobri o talento de educadora financeira, não entendia como alguém poderia me pagar para ajudar a lidar melhor com o dinheiro. Aquilo era tão natural e óbvio para mim que não imaginava como o meu dom poderia ajudar a fazer a diferença na vida das pessoas.

Gostava tanto do trabalho que, no início, achava injusto cobrar por algo tão gostoso de realizar. Depois da ajuda de uma mentora de carreira, finalmente dei ao meu dom um sentido profissionalizante.

— Patrícia, se você não cobrar pela prestação do serviço, estamos falando de um hobby, lazer ou qualquer coisa, menos trabalho — alertou-me a mentora.

O primeiro passo foi readequar a minha percepção a respeito do tema vendas. Comecei a dar pequenos passos e mudar algumas crenças. Por exemplo: a crença de não ser boa em vendas e, principalmente, de não gostar de vender nada.

Mudei o pensamento e, a partir daí, entendi que vender não era ruim, pelo contrário, todos nós temos que vender, até a nossa imagem, pensamentos. Se eu faço algo bom para o mundo e guardo tudo para mim, sem mostrar a ninguém, como poderei ajudar ou partilhar o que eu sei?

Comecei a intensificar meu chamado de terapeuta financeira e, nele, me sinto um instrumento para guiar as pessoas até a descoberta do que é importante para elas, a fim de que possam colocar o dinheiro onde o coração e os sonhos estão. Com esse trabalho, fui aprendendo muito com as pessoas, numa troca justa e generosa.

Nestes anos de atendimento, posso afirmar, com toda certeza, que não há relação direta entre a riqueza e a quantia que se ganha. Tem muito mais a ver com os valores. Atendi pessoas cuja remuneração estava acima da média da população, como o Carlos (nome fictício), que recebia cerca de 45 mil reais mensais. Conheci-o completamente endividado, com gastos mensais que ultrapassavam os 50 mil reais.

— Nossa, mas como Carlos chegou a essa situação? — perguntaria-se o leitor.

A resposta, talvez, seja a mesma para a maioria dos brasileiros endividados. Carlos achava que podia mais do que tinha e, sem planejamento, dava mais valor a ter do que a ser. A vida financeira é um reflexo das nossas escolhas, e a mera consciência sobre isso traz uma pergunta cuja resposta explica o que se conquistou, além de clarificar o que se conquistará, com base em uma mudança no processo de refletir e agir.

Ao longo da vida, tenho esperado o tempo certo para conseguir algo ou venho adquirindo tudo imediatamente, ainda que pague mais caro?

Marina, outra cliente, alcançava uma remuneração de aproximadamente três mil reais e vivia muito bem. Conseguia realizar seus sonhos, viajava, fazia o que desejava e ainda ajudava os netos. Então não importa a quantidade que se recebe. Relevante mesmo é conhecer os próprios limites e valores de vida, ter uma visão de longo prazo e definir o que realmente importa num plano mais íntimo, aferindo o que, de fato, vale a pena trabalhar para realizar, não por que outras pessoas têm, e sim por que representa um sonho.

É crucial saber por que você está trabalhando e se a remuneração pelo trabalho que faz tem um propósito. O salário recebido é uma consequência. Não é ele que vai determinar os seus sonhos, mas o que é feito desse dinheiro. De que adianta receber o maior dos salários, se a pessoa não consegue poupar nada e vive endividada e infeliz?

Algumas respostas precisam estar claras em seu coração.

- O que é verdadeiramente importante para você e sua família?

- Quais valores norteiam os seus sonhos?

- Você tem feito a diferença no seu trabalho? Os seus pares e líderes reconhecem isso com frequência?

Guarde sempre uma parte do seu salário para o que é importante para você e sua família, para reforçar seus valores e, sem dúvida, para o seu desenvolvimento. Com base nas suas ideias e criatividade, você será o instrumento de trabalho mais valioso, e isso precisa estar em constante manutenção, por meio de cursos ou atividades que proporcionem outra visão e acrescentem algo novo.

"O conhecimento é a única riqueza que nenhuma guerra ou governo podem tirar de você. O comportamento que visa manter e aumentar esse saber, aliado à atitude de querer ser útil e desejar resolver os problemas das pessoas, é o que determinará quem vai ser rico ou pobre, pois o dinheiro é mera consequência."

Não cabe qualquer julgamento sobre isso, por exemplo, que a pessoa pobre é pior do que a rica ou vice-versa. Ninguém é melhor ou pior que ninguém, e nenhum trabalho é superior a outro. Além disso, a pobreza não se explica necessariamente pelo dinheiro. Existem os pobres de espírito, atitude, compreensão e benevolência. Assim como existem os ricos em egoísmo, maldade, ganância e desonestidade.

Nunca, de forma alguma, vá em busca do dinheiro. Não existe patrão pior para se ter. Vá em busca do propósito, munido daquilo que você sabe fazer muito bem, daquilo que desperta a atenção e o elogio das pessoas. Talvez, como aconteceu comigo, você nem imagine como alguém poderia lhe pagar para fazer algo fácil e prazeroso para você. Porém, quando se exerce um dom, é assim mesmo que as coisas funcionam. Tudo já está dentro de você, basta experimentar o prazer de exercer, ajudar o semelhante e vê-lo realizar os sonhos, enquanto você realiza os seus.

O dinheiro pode ajudar a potencializar os dons que cada um de nós temos, e o trabalho é justamente isto: aplicar os dons, multiplicar, compartilhar o que nos foi dado, colocar nosso dom a serviço da sociedade, receber por isso e construir os nossos sonhos. Na contramão, muita gente vive nas mãos do sistema de crédito pagando dívidas, tendo o dinheiro como patrão e os sonhos como meras ilusões inconquistáveis.

"Enterrar ou guardar o talento, por medo ou qualquer motivo, é como ser ator coadjuvante e assumir uma vida encenada, sem destaque. Ou seja, todo dom é um presente divino que merece ser cuidado e vivenciado com protagonismo."

Um professor é mais valioso do que um motorista de ônibus?

Um presidente de empresa é melhor que um auxiliar de escritório?

Um juiz pode até ter status, mas não seria justo afirmar que ele cumpre sua função de funcionário público como qualquer outro trabalhador que oferece excelência?

Cada aptidão tem seu valor. Se tivéssemos só médicos, advogados e engenheiros, não haveria sociedade plural. Logo, todo profissional tem valor e importância, uma vez que ser rico ou pobre não tem ligação com a profissão escolhida. Já o dom exercido e a contribuição com o semelhante, estes sim fazem a diferença entre empobrecer e enriquecer.

O dinheiro recebido pelo trabalho não se resume a pagar contas. É um instrumento para servir às pessoas com o que se faz de melhor. Uma pessoa que foi bem atendida por um vendedor, ainda que ela controlasse bem os seus anseios de compra e não se imaginava comprando algo, acabou comprando. Isso significa que o vendedor mostrou como o produto facilitaria a sua vida. Assim posto, o vendedor ajudou o seu semelhante. Esse é o propósito do trabalho e o dinheiro, simples consequência de uma venda bem executada.

Já que se propôs a fazer algo, faça-o com o coração, pois o nosso tempo é escasso. Que benefício existiria em perder o precioso tempo da vida fazendo as coisas mais ou menos, trabalhando sem sentido, só para pagar contas? Viemos ao mundo para prosperar, realizar os nossos sonhos e as aspirações da família e deixar um legado.

Como deseja que se lembrem de você?

Todos estamos aqui de passagem e vamos morrer um dia. O que deixaremos para as pessoas que amamos, ou mesmo para as que não conhecemos?

Um grande escritor, quando se dedica a criar uma obra que ficará para a posteridade, não pensa apenas em si, ele também compartilha uma visão de mundo, um conjunto de sentimentos e pontos de vista que podem ajudar o leitor do futuro.

Muitas vezes, a melhor coisa que pode acontecer na vida da pessoa é não ter opção. Isso a faz entrar em ação, parar de divagar e de ficar analisando opções que talvez nem tivessem tanta importância assim. Quando passa a agir, a pessoa vai errar, sim, mas as possibilidades auspiciosas vão se abrir também.

No trabalho é assim. Não temos opção. No mundo em que vivemos, o dinheiro faz parte do dia a dia e resulta do nosso trabalho. Então, trabalhe com o coração e se recuse a aceitar argumentos como "não importa o que eu faça, o salário será sempre o mesmo". É o típico pensamento de quem tem o dinheiro como patrão. Faça o seu melhor, use os seus dons para que alguém, em dado momento, perceba e reconheça o seu esforço. Nem que seja você mesmo, quando estiver disposto a arriscar e se tornar o próprio chefe.

A maioria das pessoas passa mais tempo trabalhando do que passa com a própria família, convivendo mais com os colegas de trabalho do que com os amigos. Então, por que não dedicar esse tempo em descobrir uma forma de ser feliz, no lugar tão importante que é o nosso trabalho?

O que temos de mais precioso, todavia escasso, é o nosso tempo e, por ser um recurso esgotável, merece a devida importância. O ontem não volta mais. Na verdade, temos apenas o presente. Então vamos dar o melhor de nós mesmos onde estivermos, lembrando que o trabalho é uma parte importante da nossa vida, recurso que pode nos afastar da pobreza, em todos os sentidos que mencionei.

Não podemos ser uma pessoa em casa com a família e com os amigos e outra no trabalho. Somos a mesma pessoa em todos os lugares, é nossa identidade. Muitos passam metade da vida explicando o que vão fazer e a outra metade explicando por que não fizeram. Vamos fazer parte do grupo de pessoas que assume o controle da própria vida, que vai trabalhar com amor e propósito, que sabe por que faz o que faz e, especialmente, por que está ali.

O que está sob nosso controle é para ser cuidado e não protelado. Nada pior do que reclamar do trabalho, da empresa, da eventual crise que assola o país ou o mundo. Crise é oportunidade. Se o governo não ajuda, saia do papel de vítima e seja protagonista da sua vida, já que o espaço tem ficado cada vez menor para amadores e coadjuvantes.

Descubra o que sua empresa tem de bom e some a isso o seu dom.

Nas suas mãos está a chance de melhorar. Faça isso, e o resultado virá. Pacientemente, plante e colherá, desde que saiba esperar as sementes brotarem com consistência.

Se você mudou a postura no emprego, não é de uma hora para outra que isso será notado. É necessário que haja uma regularidade em suas atitudes, e isso leva tempo para acontecer.

O mundo está em constante mudança. O trabalho garantido e estável que se viu logo após o início do século XXI deixou de existir. O mundo digital veio para ficar, nos forçando a aprender continuamente ou dar lugar a quem aceite o progresso tecnológico.

Para prosperar e ascender no trabalho, considerando os aspectos cargo, salário e carreira, é fundamental que você conheça os seus pontos fortes, as habilidades que tem e se as executa com excelência, além de estar atento aos aspectos que precisam melhorar. Somente com essa análise será possível oferecer o melhor para as pessoas e para a empresa.

Ignorar os seus pontos fortes e frágeis resulta em viver à margem da excelência e, por efeito, quase sempre com problemas financeiros. Afinal pessoas infelizes procuram a felicidade no consumo irresponsável.

O ideal é buscar um propósito para a sua vida, a união entre talento, paixão e renda, além das respostas que nunca se calam no nosso íntimo.

- O que eu amo fazer?
- O que me pagam para fazer é o que de fato recebo?
- O que eu sei fazer bem de maneira especialmente particular?
- Quais são as coisas que faço bem, sem esforço, de maneira natural?
- Em que situações as pessoas costumam elogiar esses feitos?

VAMOS SEPARAR OS CONCEITOS

PAIXÃO é aquilo que se faz por prazer e não por dinheiro, aquilo que se faz sem ver o tempo passar, que não permite pensar nem mesmo em aposentadoria; pois, de tanto prazer que proporciona, a pessoa faria pelo resto da vida, se preciso fosse.

TALENTO é a habilidade de fazer algo muito bem sem gastar tanta energia, algo que se faz naturalmente, sem sofrimento ou queixas.

RENDA é transformar paixão em talento, talento em execução, paixão em resultado, até resultarem em ganho, isto é, dinheiro.

Paixão e talento sem renda não é trabalho e sim hobby. Você é remunerado para entregar resultados e modificar a vida das pessoas, ser útil na empresa onde trabalha ou no projeto em que decidiu empreender.

O principal é assumir o controle da sua vida e partir para a ação, ter responsabilidade e praticar *accountability* (prestação de contas). Adoro esse termo que impede que se culpe a empresa, a crise ou outro fator que se dê para os resultados alcançados ou não. Esse termo, ainda, posiciona a pessoa no lugar de quem age e tem o poder de mudar as coisas.

Ninguém está livre de errar. Como seres humanos, aprendemos o tempo todo; mas, quando começamos a falar mal da empresa em que trabalhamos ou culpar o governo, os impostos e a corrupção pelo nosso negócio que não deu certo, estamos apenas criando desculpas, e isso não nos leva a lugar algum.

Ninguém consegue nada sozinho. Precisamos de ajuda para nos desenvolver. Por isso reconhecer nossas falhas, prestar contas, buscar treinamento e desenvolver o que precisa ser mudado é nossa responsabilidade.

Se o dinheiro é consequência do trabalho que realizamos, como já defendi, a situação em que nos encontramos nesse momento é o resultado das nossas escolhas e, principalmente, do conhecimento que possuímos (ou não).

Quantas histórias escutamos de pessoas que construíram uma linda trajetória profissional e depois foram demitidas, ou a empresa em que trabalhava faliu? Não precisamos esperar que isso aconteça para tomar uma atitude rica, ou seja, transformar o cenário atual e indesejado num case de superação.

Empreender está em alta. Há pouco tempo, empreender era trabalhar por conta. Felizmente, passamos a entender o que é correto: a manicure é empreendedora; a boleira, o palestrante, o prestador de serviços personalizados, o mecânico que estruturou sua pequena oficina, os educadores financeiros, todos são empreendedores da própria carreira. Para isso, temos tudo do que precisamos dentro de nós mesmos. Cabe-nos fazer uma profunda análise e aferir se temos oferecido ao mundo os dons que trazemos dentro de nós. A régua que mede essa e comportamento é a seguinte:

Acompanhe os seus sonhos. Você tem realizado cada um deles ou eles ficam apenas no plano da imaginação?

A sua resposta vai confirmar se os dons naturais estão a serviço do mundo ou se o mundo foi privado de seus dons divinos.

A **Metodologia DSOP** nos ajuda a fazer essa reflexão e, principalmente, a realizar os sonhos. É por você e para isso que trabalhamos. O dinheiro é o instrumento para a realização dos sonhos. Os números não mentem, e não adianta protelar os seus sonhos com desculpas. Só a verdade diante dos olhos importa para a felicidade.

De que adianta dinheiro guardado sem objetivo, sem ter sonhos?

Sem que esteja relacionado a metas e objetivos, o dinheiro não proporciona nem mesmo segurança. A consistência que encontrei na **Metodologia DSOP** é transformacional: você não vai cortar gastos só por cortar ou aumentar os ganhos só para ganhar mais. Nada disso se sustenta sem um propósito.

Precisamos falar mais de educação financeira, tema que deve ser pauta do dia a dia. As questões financeiras são comuns, muda-se um detalhe e outro; mas, no fundo, procuramos a felicidade que carece de educação. Todos sabemos fazer contas. Portanto, independência financeira não é um tema para planilhas complexas. Bem mais que isso, retrata escolhas e sonhos, embora dependa de quão disposto o ser humano está para a dedicação e o aprendizado sobre o tema.

A educação financeira é o passaporte para a independência financeira e os sonhos realizados. Já o endividamento é o ingresso para a infelicidade e o gradativo empobrecimento. Cedo ou tarde, se descobre que só uma sábia escolha separa um e outro, já que a vida não empurra ninguém para o despenhadeiro da pobreza ou para a planície da abundância.

Coisas incríveis são deixadas para trás quando levamos em consideração só o aspecto financeiro. O processo de planejamento, além de gradativo, é um percurso para nos reconectarmos com as nossas emoções. Dê-se a chance de sonhar sem jamais desistir de você e de seus sonhos. Se não conseguiu até agora, faltava algum conhecimento. Lembre-se de ser amoroso consigo mesmo, e saiba que a educação financeira ajudou milhares de pessoas que conseguiram eliminar a pobreza financeira e comportamental.

Saiba que pode contar com o meu apoio para mudar de vida. Aprendi a lidar com o meu dom de orientar o semelhante na realização de sonhos, e será um prazer ajudar você.

"SENHORES PASSAGEIROS: EM CASO DE DESCONHECIMENTO SOBRE AS FINANÇAS, APRENDAM A CUIDAR DE SEU DINHEIRO E, SÓ DEPOIS DISSO, AJUDEM O PRÓXIMO A COLOCAR A MÁSCARA E A RESPIRAR DIANTE DAS SUFOCANTES DÍVIDAS."

IRISMAR TAVARES DA SILVA

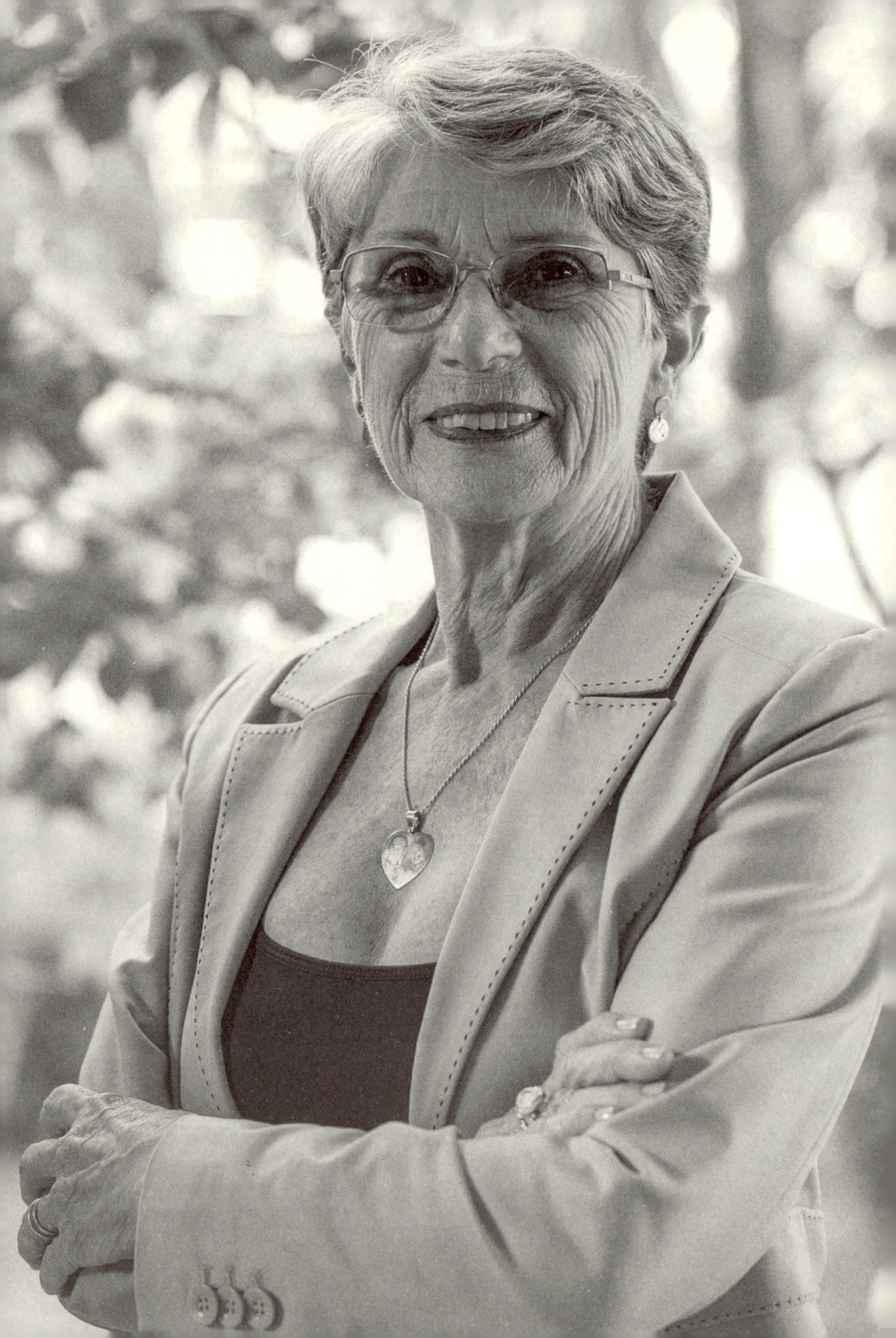

IRISMAR TAVARES DA SILVA

Sou uma pessoa muito orgulhosa dos filhos, netos e bisnetos que Deus me deu. Viuvei aos 64 anos e carrego comigo a lembrança do meu querido Bebeto. Fui funcionária pública durante a metade da minha vida: Ferroviária, Auditora de Finanças Públicas, Secretária de Fazenda, Gerente de Finanças e Perita Contábil. Após me aposentar, me formei educadora e terapeuta financeira e educadora educacional pela DSOP Educação Financeira. Sou membro da Abefin – Associação Brasileira de Educadores Financeiros. Especializei-me em educação financeira com neurociência para docentes – **Metodologia DSOP** e em metodologia do ensino na educação superior.

A educação financeira mudou minha vida e eu já ajudei muitas pessoas a mudarem as vidas delas (dentre elas, trabalhadores que se consideravam pobres e não conseguiam realizar sonhos). Sou bonsaísta, capoeirista e remadora de caiaque. Já tive três filhos, plantei várias árvores e escrevi, em coautoria com pessoas maravilhosas, este livro. Colho, diariamente, frutos do que semeei. Sou Feliz!

MARLI: DE ENDIVIDADA A INVESTIDORA

Gaúcha nascida em Itaqui, há sessenta anos moro em Viamão. Vi, ouvi e vivi muitas coisas. Conheci pessoas e histórias fascinantes. Em especial, a interessante jornada de Marli, que pode ser a sua inspiração para uma virada de chave e de vida. Mas vamos começar pelos tempos da ditadura...

Minha mãe, professora de Educação Física. Meu pai, funcionário público federal "expurgado" e preso na Revolução de 1964. Com a infância feliz e a adolescência conturbada, da noite para o dia, passamos da classe média-alta para uma classe menos favorecida, o que marcou muito a minha vida de adolescente. Minha mãe foi considerada viúva, porém sem a pensão correspondente.

Meus cinco irmãos e eu nos tornamos órfãos de pai vivo. Os chamados "expurgados", considerados mortos para o país naquele regime, perdiam todos os direitos, inclusive a remuneração recebida das instituições governamentais. Para piorar, meus pais não haviam sido educados financeiramente e, quando aquela infelicidade aconteceu, não tinham nenhuma reserva para enfrentar os duros anos que viriam.

Em 1970, casei com o amor da minha vida, Bebeto. Há poucos anos, viuvei. Tenho três filhos, um enteado, dez netos, três bisnetos, e muitos genros e noras. Todos muito amados por mim, "me pagam com a mesma moeda". Meu marido e eu nos amamos muito, desde sempre e para sempre. Tínhamos uma forma de viver diferente dos casais tradicionais. Nunca juntamos dinheiro e cada um cuidava do seu. Ou melhor, ele cuidava do dele e eu descuidava do meu.

Ele, enquadrado no perfil de investidor, recebia uma remuneração mensal bem elevada. Eu, desequilibrada, devedora e inadimplente, embora recebesse tanto quanto ele. Bebeto até tentou mudar o meu comportamento em relação ao dinheiro, mas naqueles dias, não o escutei.

UMA CARREIRA DEDICADA ÀS FINANÇAS

Meu primeiro emprego foi na Rede Ferroviária Federal (RFFSA), em Porto Alegre. Ingressei por meio de concurso público, em 1970. Fui ferroviária durante treze anos, período em que fiz bacharelado em Ciências Contábeis e, logo após formada, concursei para a Secretaria da Fazenda do Estado. Aposentei-me como Auditora de Finanças Públicas em 1994. Mas não parei de trabalhar.

Embora tivesse uma ótima aposentadoria, passei a atuar como perita contábil da Justiça Federal. Em 2001, convidada pela prefeita Custódia Bergues para assumir a Secretaria da Fazenda do Município de Cidreira, aceitei e trabalhei durante toda aquela gestão, até 2004. Em seguida, fui empresária no mercado financeiro, trabalhando com empréstimos consignados. Em 2011, assumi a Gerência de Orçamento e Finanças no Centro de Excelência em Tecnologia Avançada (Ceitec), empresa pública do segmento de semicondutores, vinculada ao Ministério da Ciência, Tecnologia, Inovações e Comunicações.

Algumas pessoas acham que eu deveria curtir meus netos e bisnetos, viajar, conhecer este mundão de Deus, me dedicar ao cultivo dos bonsais que adoro, praticar meu hobby preferido (remar no Lago Tarumã), fazer aulas de capoeira (o toque do berimbau me arrepia), cuidar dos animaizinhos de estimação e de minha horta. Eu concordo com elas e continuo fazendo tudo isso até hoje, com muito amor.

Tu achas que posso pedir mais a Deus? Só agradeço, todos os dias, pela união da minha família e por tudo o que tenho.

Ainda que a certeza de ter sido atendida em tudo estivesse presente, o lazer e a família não me satisfaziam totalmente. Faltava alguma coisa. Depois de perceber que, durante toda a minha vida, não havia conseguido aplicar os conhecimentos de finanças advindos da esfera pública, nem comigo, nem com a família e os amigos — e que já compunha o grupo das dezenas de milhões de brasileiros inadimplentes — resolvi fazer um curso que me ajudasse.

Alcancei a inadimplência por não ter respeitado o dinheiro que ganhava com muito suor. Ajudava, financeiramente, todas as pessoas das minhas relações que precisassem de ajuda. Quando não tinha o valor necessário para isso, fazia empréstimo e, novamente, presenteava alguém, me endividando cada vez mais. E não resolvia o problema daqueles a quem ensejava ajudar, muito pelo contrário.

Bebeto nos deixou e, como viúva, passei a receber uma pensão que praticamente dobrou os meus ganhos mensais.

Consegui quitar as dívidas?

Guardei algum dinheiro?

A resposta é não para ambas. Continuei a agir da mesma forma, "desrespeitando" o meu dinheiro e a pensão dele também.

Senhores passageiros: em caso de desconhecimento sobre as finanças, aprendam a cuidar de seu dinheiro e, só depois disso, ajudem o próximo a colocar a máscara e a respirar diante das sufocantes dívidas.

Assim diriam os comissários de bordo, se fossem educadores financeiros.

Não segui a orientação que os comissários de bordo transmitem antes da decolagem: em uma situação de emergência, coloque a máscara primeiro em você e, depois, coloque nos demais passageiros que necessitarem de ajuda.

As dívidas estavam me sufocando e, ainda assim, enfraquecida pela falta de oxigênio financeiro, continuava a colocar a máscara nos demais, ou melhor, a emprestar dinheiro ao próximo que precisasse.

PENSAR E AGIR SOB INSPIRAÇÃO DA EDUCAÇÃO FINANCEIRA

Como que por encanto, "cai" na caixa de entrada do meu e-mail o convite da DSOP para a pós-graduação em educação financeira. Não pensei duas vezes. Fiz minha matrícula, cursei e me tornei especialista em educação financeira com neurociência para docentes. Paralelamente, fiz três cursos de formação: Terapia Financeira, Educação Financeira e Empreendedora Educacional. Para concluir a bagagem acadêmica na área, também me especializei em Metodologia da Educação no ensino superior.

Minha vida mudou. E, como benefício, a da minha família também.

Como se percebe, toda minha vida profissional foi dedicada às finanças e, como disse antes, mesmo passando por minhas mãos, mensalmente, uma invejável cifra, consegui ser uma endividada inadimplente. E pior: não sabia como sair daquela situação inexplicável e inaceitável. Eu era uma trabalhadora "rica e pobre".

Meu querido leitor, acredite, em janeiro de 2018, quando iniciei os estudos em educação financeira, minha situação era crítica. Já resolvi grande parte dos problemas financeiros, pagando algumas dívidas e renegociando outras, que agora cabem no orçamento. Em paralelo, reservo dinheiro para pagar, num momento mais favorável, as dívidas cuja proposta feita por mim não foi aceita. Tenho aplicado um valor considerável para realizar alguns sonhos e outra parte, que pretendo manter como reserva estratégica, para eventuais problemas ou aquisições positivas que surjam no decorrer da minha vida. Estou orgulhosa de mim!

Hoje em dia, como educadora financeira, estou em condições de orientar pessoas de todos os perfis – principalmente os trabalhadores de nosso país – na realização dos seus sonhos, assim como realizo os meus, rumo ao alcance da independência financeira. Um dia, dei o peixe e, hoje, ensino a pescar. Afinal, aprendi que os trabalhadores não precisam ser pobres, independentemente da renda mensal.

E O QUE CARACTERIZA UM TRABALHADOR POBRE?

Várias definições serão encontradas nos dicionários para as expressões "trabalhador" e "pobre". No meu entendimento, trabalhador é quem exerce alguma atividade que exige ou não esforço físico e, em contrapartida, tem um ganho financeiro, sendo pessoa física ou jurídica. Logo, são trabalhadores os empregados e os empregadores, os profissionais autônomos e os liberais, os servidores públicos e todas as pessoas que se enquadrem nessa definição.

Entendo ainda que ser pobre não é ganhar pouco. Os significados são muito mais abrangentes, ligados aos comportamentos, escolhas, crenças, culturas e hábitos:

- Fazer do seu trabalho diário um sacrifício.

- Não respeitar o dinheiro advindo da remuneração.

- Viver acima do padrão de vida que as fontes de renda permitem.

- Comprar o que não precisa com um dinheiro que não tem, para mostrar aos outros aquilo que não é.

- Gastar tudo o que ganha e ainda se endividar para viver o presente, sem se preocupar com o próprio futuro e o da família.

- Agir no piloto automático, por impulso e emoção, sem avaliar a efetiva necessidade de um ato de compra.

- Não acreditar que pode trocar hábitos negativos por positivos.

- Não se ver capaz de adotar novos comportamentos que, por sua vez, gerarão novas ações, que se transformarão em atitudes estratégicas para uma nova vida livre de dívidas.

Enfim, ser pobre é não se permitir realizar sonhos, por não ter aprendido a sonhar.

Reunindo o meu conceito de trabalhador com as considerações sobre o termo pobre, posso resumir, sem qualquer diferença entre homens e mulheres, da seguinte maneira:

Trabalhador pobre é aquele que exerce alguma atividade que exige ou não esforço físico e, em contrapartida, tem um ganho financeiro; porém, não se permite realizar sonhos, por não ter aprendido a sonhar.

UMA HISTÓRIA DA VIDA REAL SOB A ÓTICA DAS FINANÇAS

Conheço várias histórias de trabalhadores que não conseguiam motivação suficiente para procurar dias melhores nas finanças. Frustrados, se queixavam do sentimento de impotência e diziam que, independentemente de quanto recebessem na remuneração, não conseguiam realizar pequenos ou grandes sonhos, e tampouco guardar algum dinheiro.

A história mais interessante que acompanhei – e ainda acompanho – é a de Marli (nome fictício, história verdadeira), empregada doméstica, que obtém a remuneração de 300 reais por semana.

Aos 39 anos, Marli havia estudado até o 5º ano do ensino fundamental. Seu marido participa das despesas da casa com 250 reais por mês, e seu único filho, já casado, recebia ajuda financeira dela. Com vários sonhos no coração, Marli supunha que nunca os realizaria, pois se considerava muito pobre.

Antes dos atendimentos, minha cliente não sabia dizer qual era a sua renda mensal. Imaginava algo em torno de 800 reais. Auxiliei Marli a entender que, considerando apenas o seu salário semanal, às sextas-feiras, completava 1200 reais por mês.

Ao perguntar sobre as despesas, também demonstrou não conhecer seus valores. Montamos o orçamento mental e os gastos mensais registrados foram de 600 reais. Ela se espantou quando perguntei o que fazia com os outros 600 que estavam sobrando no orçamento, além do ganho do marido. Marli não fazia a menor ideia de onde gastava seu dinheiro.

Foi bastante desafiador convencê-la a acreditar que poderia realizar muitos sonhos, ter uma aposentadoria tranquila e sustentável, embora não tivesse tanto dinheiro.

Por incrível que pareça, Marli e eu vivemos realidades semelhantes. Mesmo com uma remuneração muito boa para a realidade do nosso país, eu também não sabia quanto ganhava e, muito menos, com o que e quanto gastava.

Revelei que eu, até pouco tempo, era muito endividada, também não tinha sonhos definidos e não guardava nenhum centavo para eventuais necessidades. Confessei que, só após me educar financeiramente, retomei o controle da vida financeira.

Felizmente, Marli e eu entendemos que o importante não é o quanto ganhamos, mas o que fazemos do dinheiro conquistado pela labuta.

Concomitantemente a esse trabalho, orientei-a a usar o livro *Apontamento Financeiro*, do PhD Reinaldo Domingos, em que se detalha cada valor gasto no dia a dia. Marli o fez com todo o cuidado e de maneira muito bem detalhada.

GASTOS

MÊS: JULHO   ITEM: PADARIA

DIA	VALOR	FORMA DE PAGAMENTO
05	R$ 6,00	CARTÃO DE DÉBITO
06	R$ 15,00	VALE-REFEIÇÃO
15	R$ 18,00	DINHEIRO
20	R$ 8,00	DINHEIRO
22	R$ 12,00	DINHEIRO
25	R$ 27,50	CARTÃO DE CRÉDITO
28	R$ 22,50	CARTÃO DE DÉBITO
29	R$ 65,00	CHEQUE
TOTAL:	R$ 174,00	

Fonte: Domingos, Reinaldo. Apontamento Financeiro, Editora DSOP, 2019.

A média mensal de valores destinados aos seus sonhos resultava em 350 reais. Na segunda semana, ela passou a separar 50 reais e colocar num cofrinho. Na semana que recebia horas extras, depositava 100 reais. Contei a ela que eu também estava guardando dinheiro todos os meses.

Começamos a trabalhar em prol da realização de seus sonhos. Marli estava confiante, orgulhosa por anotar todos os seus gastos, por saber exatamente quanto recebia e quanto gastava.

Pedi a ela que relacionasse todos os sonhos que tinha e, num próximo encontro, combinamos que ela definiria três prioridades:

- Escolher um sonho de curto prazo, para realizar em até um ano.
- Escolher um de médio prazo, para realizar em até dez anos.
- Finalmente, um de longo prazo, para realizar a partir de dez anos.

Quem conhece os sonhos de Marli, como eu tive a chance, descobre que a comoção é inevitável, dada a simplicidade e a facilidade de realizar (só que ela não sabia disso): secador de cabelos, chapinha, batedeira, forno de micro-ondas, armário para a cozinha e geladeira.

Falei sobre a sua independência financeira e ela perguntou:

— Isso se compra?

Devidamente explicado que não se tratava de uma compra e sim de uma reserva financeira mensal para garantir o seu futuro, Marli clarificou seu desejo.

— É tudo o que eu quero.

Ajudei Marli a pesquisar o preço dos bens que pretendia adquirir e ela definiu os prazos em que queria comprá-los. Em menos de dois meses, realizou dois sonhos de curto prazo: o secador de cabelos e a chapinha. No dia em que realizou o primeiro sonho, me contou algo bem interessante.

— Irismar, o secador escolhido estava em promoção e consegui comprar pela metade do preço. A chapinha estava na mesma promoção, mas não comprei.

— Por quê? — quis saber.

— É que não estava na minha programação.

A resposta de Marli me deixou toda orgulhosa. É claro que ela adotou uma decisão radical, do tipo oito ou oitenta, mas só o fato de ter desistido já era um avanço. Expliquei que ela deveria ir à loja no dia seguinte e abraçar o seu segundo sonho, pois não é sempre que se consegue um desconto de 50% para realizar um sonho.

Marli parecia uma criança que queria muito um brinquedo e ganhou. E eu também fiquei muito feliz. Foi gratificante ver o resultado de meu trabalho sob o formato de um sorriso estampado no rosto dela.

A orientação que ofereci a seguir também a deixou feliz: abrir uma conta-poupança e, nela, depositar o dinheiro que estava guardado sob o colchão, pois assim protegeria e potencializaria aquele valor.

Passados mais alguns meses, Marli comprou o micro-ondas, antecipando seu sonho de médio prazo. Para isso, abriu mão de comprar a batedeira, mas a manteve como sonho de curto prazo e incluiu ainda um ventilador.

Na data em que encerrei o texto, ela já havia adquirido três dos quatro objetos que faziam parte dos sonhos de curto prazo e um dos sonhos de médio prazo. Marli havia depositado em sua conta-poupança o valor de 2600 reais, decorrentes das economias semanais que adotou em sua nova vida, além de 70% do valor recebido como 13° salário. Ela estava prestes a concluir a leitura do livro *Como garantir uma aposentadoria tranquila*, da mesma casa editorial deste livro, e decidiu que a metade de seu dinheiro poupado teria como destino a aposentadoria. Assim, colocamos como próximo passo a análise de alguns planos de previdência privada. Marli, antes endividada e parte das estatísticas de endividamento, agora conhecia a educação financeira e atuava como investidora.

No decorrer dos nossos encontros, tentei fazer com que ela convencesse seu marido e filho a participarem desse momento tão importante. Infelizmente, não conseguiu. Por outro lado, ela se mantém firme no propósito de ser vitoriosa e acredita que o tempo mostrará a eles o quão importante é ajudar a família a se educar financeiramente, em conjunto.

— Se eu, sozinha, estou conseguindo realizar sonhos e guardar dinheiro, imagine com a ajuda deles — disse Marli, numa de nossas tantas conversas.

Continuo acompanhando e orientando a cliente, que também é minha colaboradora, que cuida de mim, de minha casa, de meus animaizinhos, enfim, que faz parte da minha família há anos. Marli é uma trabalhadora. Hoje, ela sabe que trabalhadores não precisam ser pobres, e aprendeu a realizar sonhos.

SONHAR FAZ PARTE DA EXISTÊNCIA DO SER HUMANO

Saibas que se não tiveres sonhos, nunca acreditarás que coisas melhores poderão te acontecer, e não terás a coragem necessária de mudar o que deve ser mudado para atingires a prosperidade plena, independentemente de quanto recebes.

Por isso, a **Metodologia DSOP**, que adotei para realizar meus sonhos e ajudar as pessoas a realizarem os delas, é aquela que, por essência:

- Prioriza os sonhos e os classifica em curto, médio e longo prazos. Isso permite organizar a vida financeira para alcançá-los, em vez de esperar que um dia tenha dinheiro para realizá-los, como pensa e age a pessoa financeiramente deseducada.

- Trabalha diretamente com o comportamento humano, já que muito dinheiro e pouco comportamento assertivo são como água e vinho.

- Demanda dedicação, paciência e perseverança, características indispensáveis para a independência financeira, que acontece por meio de uma construção gradativa, edificada por atitudes diárias.

Marli e eu somos a prova viva de que a realização de sonhos não depende de quanto se recebe em salário, rendas alternativas ou pró-labore, mas do que se faz com o dinheiro que passa pelas mãos durante toda a vida. O mesmo pensamento vale para o endividado: o que conta é o que ele faz com o dinheiro que passa por suas mãos. Entretanto, nada está perdido, e a educação financeira é a mão capaz de resgatar esse endividado do enorme despenhadeiro.

SE CADA UM FIZER SUA PARTE, FAREMOS UM BRASIL MELHOR

Pode parecer clichê, utopia, devaneio, mas não é.

Entender como gira a roda da economia é bastante complicado. São muitas as engrenagens que fazem essa roda girar. Decifrá-la, defini-la, colocá-la ou retirá-la no tempo e lugar corretos envolve muitos atores e exige conhecimentos multidisciplinares. Para isso, existem os economistas, contadores, administradores, estatísticos, programadores, entre outros profissionais com a expertise necessária para assumir tamanha responsabilidade.

A nossa parte no processo é reconhecer que cada um de nós, trabalhadores, é uma peça muito importante na engrenagem dessa máquina chamada economia. Somados e unidos, formamos a engrenagem mais importante que faz essa roda girar. E a maneira como "funcionarmos" fará com que a roda gire mais ou menos rapidamente.

De uma forma bem simples e descomplicada, vou mostrar qual é a nossa participação no contexto econômico.

Quando você e sua família compram um bem, não realizam só um sonho, mas contribuem para manter a roda da economia girando, pois criam renda em toda a cadeia produtiva (comércio, distribuição, produção, extração). Somos todos consumidores, em maior ou menor escala.

Resumindo, um evento gera outro:

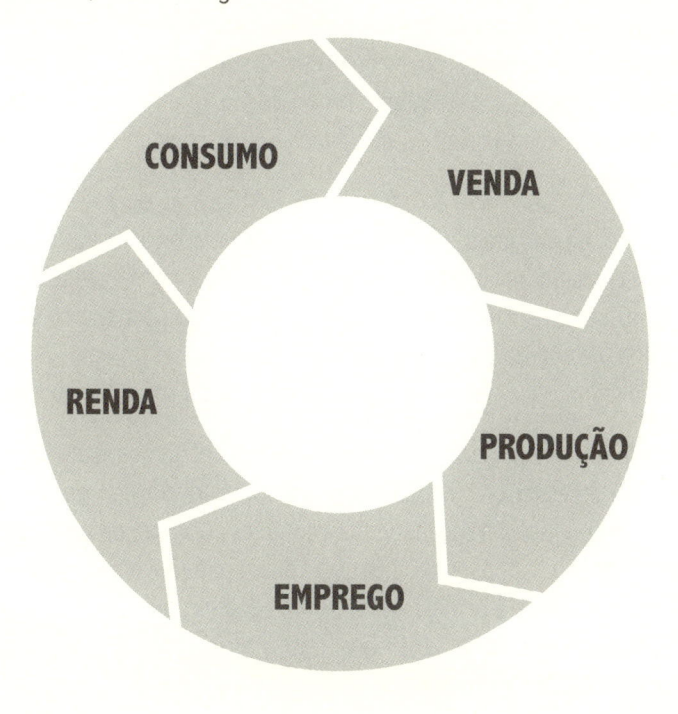

CONSUMO → VENDA → PRODUÇÃO → EMPREGO → RENDA

A FAMOSA RODA DA ECONOMIA SE MANTÉM EM GIRO

Com o consumo inadequado, exagerado, sem planejamento e sem sonhos, não sobrará dinheiro para a poupança, e a pessoa (espero que não seja você) ainda correrá o risco de se transformar em mais um brasileiro inadimplente, mais um trabalhador pobre. Na mesma linha de análise, a poupança também faz parte do giro da roda da economia, pois é canalizada para investimentos no setor produtivo.

Por sua vez, a inadimplência também compromete o bom giro dessa roda. A partir do momento que o cliente deixa de pagar sua dívida com o comerciante, por exemplo, este não consegue arcar com os custos e nem repor os estoques. Com isso, deixa de comprar do seu fornecedor, que também não poderá cumprir seus compromissos. A próxima consequência é o desemprego, tanto no varejo quanto na produção, que resultará no aumento da inadimplência e no recuo do consumo. E sem consumo, nada acontece. Enfim, é um círculo vicioso.

É possível gastar mais, melhorando a qualidade do consumo, sem abrir mão da necessária poupança que garante tanto a nossa sustentabilidade quanto a nossa participação no sistema econômico do país. Com o jeito certo de consumir, nos tornarmos protagonistas desse processo, empreendedores do nosso destino e, por efeito, mecânicos naturais da roda da economia.

Se cada um fizer sua parte, todos nos sentiremos satisfeitos com o papel de brasileiros trabalhadores/empreendedores, participativos, cientes da responsabilidade individual, conhecedores do próprio potencial, sabedores de que vamos viver o presente compatível com o nosso padrão de vida e um futuro de prosperidade. Com certeza, assim feito, viveremos tranquilos o presente e o futuro, com autonomia e independência financeira, tal qual merecemos.

Embasei o texto na indubitável constatação de que todos somos trabalhadores, independentemente da atual posição no mercado e nos negócios. Mostrei o que entendo por pobreza. Com a ajuda da comovente história de Marli, expus como aquele que se considera pobre pode mudar seu status, desde que tenha determinação.

O resgate das minhas memórias permitiu demonstrar, ainda, que não só o trabalhador que recebe poucos recursos enfrenta dificuldades financeiras. As pessoas com mais condições também se deparam com os mesmos problemas, caso deixem de respeitar o dinheiro. Todos podem sair do endividamento e se transformar em investidores, realizadores de sonhos. Foi o que aconteceu com Marli e também comigo.

Expliquei a importância de cada um de nós, trabalhadores, fazer a sua parte, funcionando como uma pequena engrenagem na roda da economia. E constatei, mais uma vez, aquilo que já sabia: a relevância do papel que nós, educadores financeiros, temos em todo esse contexto.

À medida que atuamos, disseminando essa metodologia que muda comportamentos, ajudamos nossas famílias, clientes, alunos, leitores, ouvintes e espectadores, para que sejam pessoas afortunadas e participativas na prosperidade de nosso país.

Finalizo com um registro de amor e eterna gratidão ao Bebeto. Onde estiveres, saibas que as tuas tentativas de mudar o meu comportamento deram resultado. Tu me ajudaste e me inspiraste a viver de maneira abundante. Aprendi com tanto entusiasmo que, hoje, ajudo o semelhante a viver em busca de dias prósperos.

Aos leitores, uma derradeira provocação: estou convencida de que trabalhadores não precisam ser pobres, que merecem se permitir realizar sonhos. E merecem, enfim, investir, empreender e crescer.

E você, é capaz de se convencer disso?

"ORA, A FÉ É A CERTEZA DAQUILO QUE ESPERAMOS, E A PROVA DAS COISAS QUE NÃO VEMOS." HB 11.1

EDUARDO M. R. FILHO

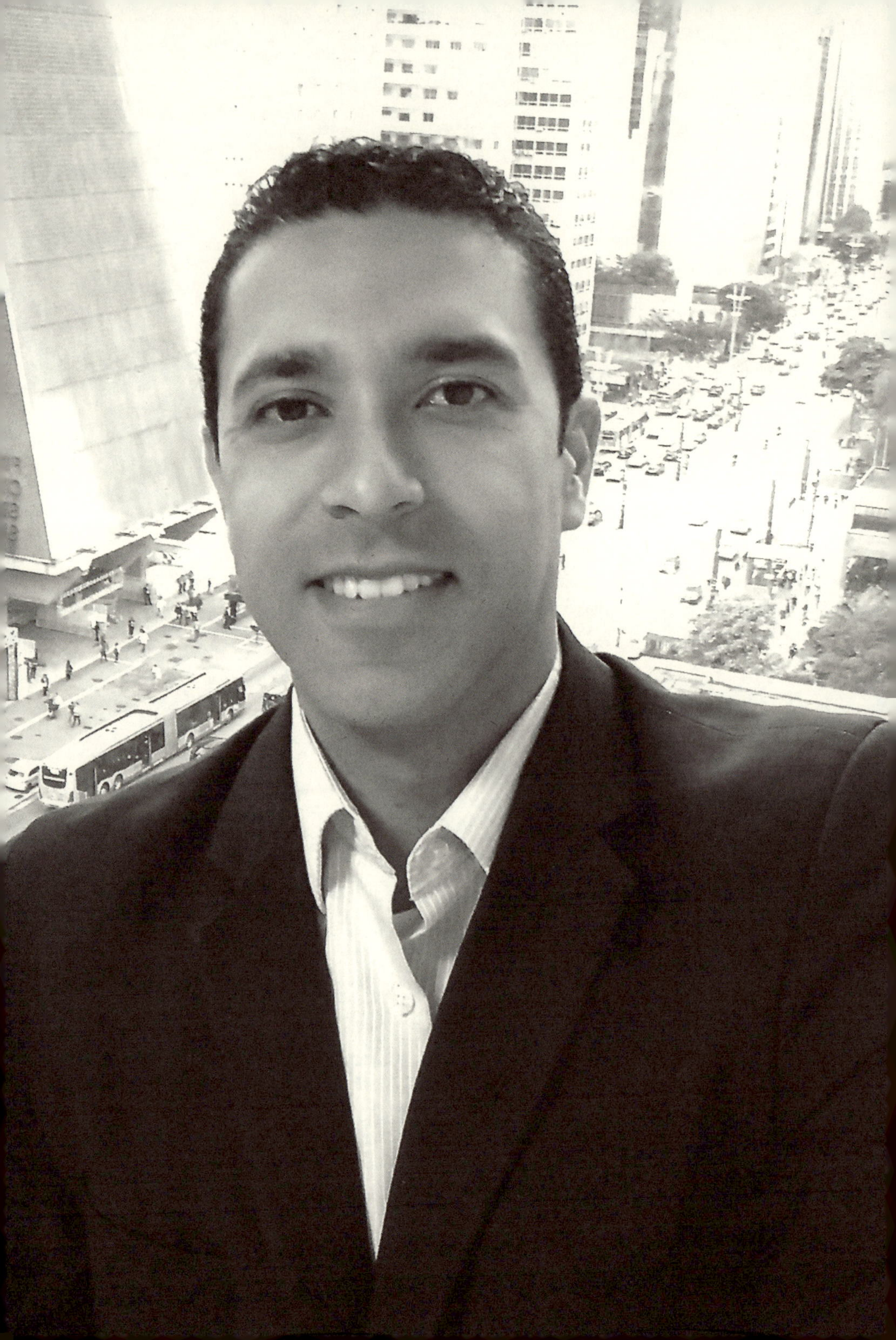

EDUARDO M. R. FILHO

Paulistano, casado com a Michellen, pai da Milena e do Vinícius. Possui vinte anos de experiência trabalhando em instituições financeiras. É educador e terapeuta financeiro DSOP, facilitador de treinamentos, palestrante, apresentador de TV corporativa, pastor e professor voluntário. Mestrando em *Business Administration in Financial Education* pela *Florida Christian University*. Pós-graduado em Administração, Finanças e Crédito e em Educação Financeira com Neurociências para Docentes – **Metodologia DSOP**. Bacharel em Teologia e em Ciências da Computação. Certificações: CPA-10, CPA-20 (Anbima) e P.Q.O. (B3). Acredita no aperfeiçoamento do indivíduo pelo conhecimento. A fé, a educação financeira e o aprendizado constante são as bases para a prosperidade em todas as áreas da vida.

SONHAR, UMA QUESTÃO DE FÉ ALIADA À EDUCAÇÃO FINANCEIRA

Em minhas pesquisas, encontrei relação entre a **Metodologia DSOP**, do PhD Reinaldo Domingos, e os princípios da sagrada sabedoria do livro que é considerado tesouro da humanidade. Inegavelmente, a Bíblia contém informações que chamam atenção sobre o tratamento das finanças, evidenciando a necessidade de conhecer mais sobre educação financeira.

Tive a satisfação de me aproximar e me especializar em ambos os conteúdos. Agora tenho a oportunidade de relatar o que aprendi após dedicar quase duas décadas de trabalho ao mundo dos negócios, numa instituição financeira. Selecionei o que mais agrega valor e vou compartilhar com você, que se dispôs a adquirir esta obra. Vamos juntos?

Vida financeira saudável é a chave para o equilíbrio das demais áreas da vida. Entender o seu momento financeiro, sua capacidade de gerar riqueza, alimentar sonhos e traduzi-los em objetivos realizáveis, adquirir o hábito de guardar dinheiro pensando no curto, médio e longo prazos são estratégias fundamentais para alcançar a independência financeira e a satisfação de não viver pressionado pela possibilidade da escassez.

DIAGNOSTICAR – CONSTRUINDO UMA TORRE

Sem um diagnóstico, não há qualquer possibilidade de planejamento ou tratamento. É assim com a medicina, com a religião e com a engenharia. Não seria diferente para a educação financeira. O bom médico não trata uma doença sem a certeza de tê-la identificado; o líder religioso não se dedica a uma causa sem conhecê-la detalhadamente; o construtor não ergue uma torre sem antes fazer os cálculos estruturais corretos; e a independência financeira só permite a realização de sonhos após o diagnóstico, isto é, descobrir o que, como e quanto vai custar. A partir disso, é possível pensar na torre que sustentará cada sonho nosso.

SONHAR, UMA QUESTÃO DE FÉ

Você projeta algo que ainda não existe, mas está em sua mente e em seu coração. Ou seja, existe para você e vai se tornar realidade. As escrituras dizem:

"Ora, a fé é a certeza daquilo que esperamos, e a prova das coisas que não vemos."

Quem consegue desejar algo que não aconteceu ainda, precisa acreditar que pode realizar. Então, aos olhos da fé e das ações, conquistará. Parece loucura, mas todo sonho nasce de um desejo nada pragmático, enquanto uma vida sem sonhos nem poderia ser assim classificada. Quantas pessoas se mostram tão desanimadas com a questão financeira, que perdem até a capacidade natural de sonhar?

ORÇAR – O AMOR EM JOGO

Dada a necessidade de diagnosticar e medir o que é necessário para erguer a torre da independência financeira, o princípio de orçar dentro da **Metodologia DSOP** prioriza os sonhos. Fazendo com que você separe os valores para as suas realizações, antes de pagar as suas dívidas, sem correr o risco de poupar somente aquilo que sobrar. E, na maioria das vezes, acaba não sobrando. Esta estratégia pode ser utilizada, por exemplo, para comprar um carro ou um apartamento, construir ou reformar uma casa, fazer uma viagem. Qual é o custo do sonho em termos financeiros e em quanto tempo posso realizá-lo?

A maior parte da população diz que tem sonhos e não faz a menor ideia de quanto custaria cada etapa para a sua realização. Como os nossos sonhos sempre trazem algum benefício àqueles que amamos, uma boa orientação é pensar neles enquanto se cumpre essa etapa crucial, que pode ser chata e arriscada para muita gente, mas é um exercício de mudanca de mentalidade. Logo, se é difícil poupar quando sobra, que se faça pelo amor dos sonhos a serem conquistados.

POUPAR – MULTIPLICAR TALENTOS

Talento é uma palavra de origem latina que define a aptidão natural de uma pessoa para realizar algo com eficiência. Talento também é uma unidade de medida de peso utilizada na região da antiga Mesopotâmia e consolidada nas regiões da Grécia, Roma, Egito, Israel, Babilônia, Suméria e Acádia nos primeiros séculos da Era Cristã. Citada na "parábola dos talentos", conta a história de um patrão que entregou a seus três empregados talentos para serem guardados enquanto ele fazia uma viagem. O primeiro e o segundo empregado investiram os talentos recebidos e multiplicaram aquela quantia. O terceiro empregado enterrou o talento recebido a fim de ser devolvido ao seu patrão. Quando o patrão retornou de viagem, os dois primeiros foram elogiados e parabenizados; o terceiro, porém, foi repreendido por não ter feito nada com aquilo que esteve em suas mãos.

Bem parecido com o que acontece com as nossas vidas. Todos nascemos com aptidões e podemos desenvolver a capacidade de poupar recursos. É bem interessante o fato de que algumas pessoas têm a habilidade de multiplicar os talentos recebidos e outras simplesmente escondem seu talento e até mesmo perdem aquilo que recebem.

Poupar é um exercício que exige dedicação, estratégia e também uma dose de paciência. Quem se empenha nessa tarefa, certamente realizará sonhos e, com o passar do tempo, desfrutará do seu precioso trabalho.

Cada um de nós é responsável por cuidar e multiplicar tudo o que recebe da vida, com responsabilidade e inteligência, sob o formato de benefício, dinheiro, conhecimento ou evolução. O trabalho diligente e a capacidade de poupar, por exemplo, estão disponíveis a todo ser humano e traduzem a chance de que os trabalhadores não sejam pobres para sempre.

No Egito antigo, José teve a sabedoria de juntar mantimentos e provisões para enfrentar uma crise que viria, além de alertar o reino para que também se preparasse. Ele interpretou um sonho do Faraó em que sete vacas magras devoravam sete vacas gordas. A miséria dominaria a fartura por sete anos. Daí surgiu a expressão "no tempo das vacas gordas", símbolo de prosperidade.

MOMENTOS DE SACRIFÍCIO PARA UMA VIDA INTEIRA DE RECOMPENSAS

Em 1979, na capital paulista, vim ao mundo. Estudei em colégio estadual e, no período universitário, cursei graduação e especialização em instituições particulares. Trabalho desde os 17 anos com carteira assinada. A paixão pela educação financeira sempre correu em minhas veias, alimentando os sonhos da adolescência: ser bem-sucedido e feliz. De fato, com dedicação à educação e muito trabalho, consegui me realizar.

Minha família tem origem nordestina. Mainha, dona Fátima, é de Fortaleza, e painho, seu Edu, de Campina Grande. Sandra é a filha primogênita e Elton, o caçula. Eu, filho do meio, casei-me aos 26 anos com Michellen Lapim Reis, à época com 21. Juntos, decidimos priorizar e curtir um pouco a vida a dois antes da chegada dos herdeiros.

Por isso a necessidade de se educar financeiramente desde cedo, para que seja possível curtir cada etapa da vida, sem deixar de ser feliz por endividamento ou mesmo pela impossibilidade de fazer aquilo que sonhou. Nesse sentido, Michellen e eu realizamos os sonhos desde recém-casados. Estávamos terminando de construir nossa casa, concluindo a faculdade e ainda conseguimos amealhar recursos para as viagens anuais.

Numa dessas férias, planejamos ir à Disney por uma semana. De lá, partimos para Nova York, onde ficamos hospedados às margens do rio Hudson. Aliás, obrigado a Saulo e Juliane, nossos anfitriões, pelos dias incríveis daquele verão.

Além dos momentos de lazer, conhecendo museus, lojas e os principais pontos turísticos da ilha, tive a oportunidade de fazer um curso intensivo de inglês, e ainda conheci o campus da Universidade de Columbia, o que nos leva a outro segredo da independência financeira: deve-se curtir tudo, sem jamais deixar de aprender com pessoas, lugares e escolas.

Após sete anos de casamento, planejamos a chegada de Milena. Todas essas conquistas nasceram de um sonho e todos os sonhos, tanto os nossos como os seus, têm um valor financeiro.

Sem fé e planejamento, nada pode ser realizado. Até mesmo a chegada da nossa filha contou com planejamento financeiro, para recebê-la com o máximo conforto e amor. Não há nada pior do que entrar em férias pagando as dívidas das do ano anterior, ou ter filhos sem dinheiro, sem saber ao certo nem mesmo como pagar pelo enxoval.

Ninguém da minha família ou do meu círculo de amigos tinha formação superior. Eu trabalhava para pagar os estudos, e não me esqueço das palavras de minha mãe quando disse que não tinha dinheiro para bancar uma faculdade:

— Eduardo, comece e nós damos um jeito, o teu pai ajuda!

A preciosa ajuda durou um ano, até que assumi as rédeas das minhas despesas. Foram tempos árduos. Na hora do almoço, enquanto os colegas do trabalho se dirigiam ao restaurante ou à lanchonete, eu "saía de banda do bando" para comer um pacote de biscoito recheado, que comprava pela manhã, na saída de uma estação de metrô, e pagava com uma moeda de 50 centavos. Às vezes, tinha o privilégio de comer um lanche de 1 ou 2 reais e ainda ganhava um copo de suco, um verdadeiro banquete para aqueles dias de privação.

Com a certeza de que o trabalho e o estudo não me permitiriam viver daquela maneira por muito tempo, hoje comprovo que cada sacrifício foi recompensado. Por um período, minha esposa e eu sofremos e chegamos a pensar "Quando isso vai terminar?".

O hábito de planejar o futuro nos deu forças para enfrentar momentos temporários de crise e legou um aprendizado: a ideia é manter-se determinado, focado e calmo. Ganhávamos rios de dinheiro? Nada disso.

Se compararmos às empresas do ramo de atividade em que trabalhávamos, não eram os melhores salários do mercado. Mas tudo foi bem planejado, inclusive o quanto poderíamos gastar por dia durante as férias. Para se ter ideia, em nossa lua de mel, fomos para o nordeste do Brasil e, na época, julho de 2005, estabelecemos a cota diária de gastos em 100 reais e, naquele tempo, os tais 100 reais "davam pro gasto", como se diz na gíria.

Enquanto cursava a segunda pós-graduação, surgiu o sonho de comprar o segundo carro. Tornei-me uma espécie de maratonista do transporte público. Da Zona Norte, eu percorria 15 km até o trabalho. De lá, mais 9 km até a Escola de Negócios. Retornava ao fim da noite, encarando mais 32 km para chegar a casa. No resumo do dia, de casa ao trabalho, enfrentava uma hora de ônibus e metrô. Do trabalho à aula, mais de uma hora dentro do ônibus, e da aula para casa, outros 90 minutos entre ônibus, trem, metrô e mais um ônibus.

Ufa, como se pôde ver, era um sonho justificável e que vale uma lição a deixar para a sua vida: saiba separar o devaneio consumista, normalmente movido pelo impulso da gastança, do sonho verdadeiro que traz benefícios e qualidade de vida. Afinal, educar-se financeiramente só será útil se souber se educar para realizar os sonhos reais.

Durante dezoito meses, duas vezes por semana, foi um tremendo desafio. Saía antes do sol nascer e retornava depois da meia-noite. Quando saía, deixava todos dormindo. Ao voltar, a esposa e os dois filhos estavam dormindo outra vez, pois não aguentavam me esperar. O duro foi repetir e manter essa rotina.

Já educado financeiramente, estudei a viabilidade do "projeto carro 2". Vamos aos cálculos, pois tenho certeza de que ele vai ajudar você a diferenciar sonho de devaneio. Eu desejava um carro de 25 mil reais e não tão velho para que não gerasse preocupações vultosas com a manutenção. Considerei os gastos anuais.

INVESTIMENTO À VISTA	R$ 25.000
IPVA	R$ 1.000
SEGURO	R$ 1.200
ESTACIONAMENTO	R$ 2.000
GASOLINA	R$ 4.800
TROCA DE ÓLEO	R$ 300
DOIS PNEUS	R$ 600
MANUTENÇÃO	R$ 1.000
LAVA-RÁPIDO	R$ 480
VALOR PARA MANTER O SONHO	R$ 11.380
VALOR REAL DO SONHO	R$ 36.380
INVESTIMENTO MENSAL PARA O SONHO	R$ 3.031

Não incluí eventuais despesas com estacionamento de lazer e pagamento de franquia do seguro, o que seria bem possível. Em cidade grande, um ano sem acionar seguro é uma proeza.

Comparei com os custos de táxi para alguns trechos. Para minha surpresa, gastaria aproximadamente 750 reais mensais. Além de maior conforto, não teria preocupações com manutenção e estacionamento e ganharia mais tempo nesse itinerário. A educação financeira, nesse caso, ajudou-me a não realizar um sonho que certamente traria prejuízos e poderia se tornar um pesadelo.

VÍCIOS E PEQUENOS PRAZERES PODEM SER CANOS DE ESCOAMENTO FINANCEIRO

Nunca fui viciado em álcool ou qualquer droga. Aos 21, descobri que nosso corpo é um santuário sagrado, merecedor de respeito e cuidados. Decidi levar uma vida saudável em todas as áreas: física, emocional e espiritual. Estava determinado a ser um homem honrado, responsável, exemplo para a minha família e para a sociedade. Atualmente, acompanho e ajudo famílias com algum tipo de dependência.

Vejo casos em que pessoas estão há trinta anos consumindo cigarros, bebidas e outras drogas. Além de comprometer a morada sagrada, o vício é capaz de arruinar qualquer patrimônio ou a mera possibilidade de se ter um. Numa multiplicação simples, o valor do vício versus a frequência de consumo diário se mostra assustadora. É triste ver famílias destruídas assim, mas creio que, em nossas mãos, está a chance de mudar e educar as crianças para que evitem essas armadilhas químicas e financeiras.

CÁLCULOS BÁSICOS
(VALORES HIPOTÉTICOS, JÁ QUE O ITEM CITADO TEM CUSTO SAZONAL)

1 GARRAFA DE CERVEJA DE 600 ML POR DIA	R$ 8
5 GARRAFAS POR SEMANA	R$ 40
1 ANO DE INVESTIMENTO ETÍLICO	R$ 2.080
10 ANOS	R$ 20.800
20 ANOS	R$ 41.600
30 ANOS	R$ 62.400
40 ANOS	R$ 83.200

Usando a mesma lógica para quem fuma, além do tempo a menos de vida a cada cigarro, consideremos a ótica da educação financeira.

CÁLCULOS BÁSICOS
(VALORES HIPOTÉTICOS, JÁ QUE O ITEM CITADO TEM CUSTO SAZONAL)

1 MAÇO DE CIGARROS	R$ 10
1 SEMANA	R$ 70
1 ANO	R$ 3.650
10 ANOS	R$ 36.500
20 ANOS	R$ 73.000
30 ANOS	R$ 109.500
40 ANOS	R$ 146.000

Pensando bem, dá para juntar um bom "pezinho de meia". Calculando juros sobre os rendimentos, ficaria ainda melhor, sem mencionar a longevidade.

COMO TOMAR DECISÕES FINANCEIRAS EM FAMÍLIA

Em 2015, como contei, fomos presenteados com o nascimento da Milena, nossa primeira filha. Trabalhávamos numa instituição financeira. Após a licença maternidade, vivemos o dilema que a maioria dos casais da época enfrentava. Era difícil deixar a filha na escola, sendo tão pequena. Entramos em um acordo. Eu, com a maior renda, plano de saúde e benefícios, manteria as despesas mensais e minha esposa sairia do trabalho e realizaria nosso desejo de cuidar da filha em tempo integral.

Seguindo o planejamento financeiro que praticávamos nos últimos dois anos, decidimos, então, que as duas ficariam em casa. Michellen, já formada em Teologia e em Direito, e devidamente aprovada pelo Conselho Federal da Ordem dos Advogados do Brasil (OAB), com uma carreira estabelecida e promissora, pausou tudo para realizar o sonho de ser mãe e esposa. Nossa filha, aos 2 anos, saiu da escolinha e foi viver esse momento tão importante ao lado da mãe. Foi um tempo muito bom, em que firmávamos as bases para um lar sólido. Aliás, tão bom que veio o segundo filho. Vinícius estava na área...

Quando planejamos a chegada do segundo filho, Vinícius, já estávamos com as finanças bem organizadas. Não conseguia conceber a ideia de que filhos seriam prejuízos nem podia pensar que não seria capaz de sustentá-los, dar uma boa educação e conforto, sem grandes privações, sem ostentação, é claro. O equilíbrio sempre foi uma forma de distinguir cada sonho no seu tempo. A chegada do nosso filho foi mais um sonho realizado e uma bênção que se concretizou em um lar feliz e próspero com muito amor e conforto.

Nessa época, já poupávamos dinheiro numa previdência privada, ou seja, um investimento a longo prazo. Não dá para ignorar o fato de que todos nós envelhecemos. Uma questão de sabedoria é decidir fazer a nossa parte para não dependermos de serviços públicos de aposentadoria ou contar que, no futuro, podemos receber a ajuda de um familiar ou de um filho. Quando não fazemos a nossa parte, alguém terá que pagar por isso. No médio prazo, passamos a investir em outros produtos no mercado financeiro que nos permitia, por exemplo, trocar de carro sem pagar os juros do financiamento. No curto prazo, tornamo-nos criteriosos em controlar os gastos diários, o que nos permitia curtir momentos de lazer e alguns pequenos desejos realizados em família, sem exageros.

A partir de uma certa fase, os benefícios da educação financeira são refletidos no relacionamento familiar e na forma de transformar sonhos em realidade. Com as crianças pequenas, adaptamos as compras do mercado, não comprávamos roupas ou sapatos sem necessidade. Os presentes em todas as datas do calendário comercial: dia dos namorados, Natal, dia das crianças... passaram a ser colocados como supérfluos e descartados, contribuindo para uma melhoria em qualidade de vida.

É muito importante quando se tem um objetivo financeiro, e é quando a família deve permanecer com o mesmo propósito. É uma decisão em conjunto que proporcionará o bem comum. Algumas orientações que podem ser bastante úteis para a sua vida e que fez muito sentido pra mim: não pare de estudar em hipótese alguma e não pare de contribuir sistematicamente com uma causa que alimente a sua fé. A vida retribui atos de generosidade. É a lei da semeadura: o que se planta, colhe-se.

TRABALHADORES NÃO PRECISAM SER POBRES

A situação brasileira não é fácil. Vários aliados e eu nos esforçamos para disseminar a educação financeira. Na contramão, ainda se vê problemas de analfabetismo, e a educação, de forma geral, não tem o seu devido valor. O Brasil tem muitos problemas a enfrentar: desemprego, inadimplência, desnutrição, inclusão, saúde pública, corrupção em vários setores e alta carga tributária. Além das ações e dos esforços de cada patriota, a fé também se mostra um instrumento para promover mudança pessoal, familiar e social. Com bases estruturadas de sabedoria e metodologias consagradas, é possível viver utilizando instrumentos que edificam e transformam vidas para melhor.

A aplicação da educação financeira, em todas as faixas etárias, principalmente como componente curricular da Educação Báscia, por exemplo, resultará num país muito mais próspero e preparado para enfrentar os desafios econômicos do futuro. A realidade está presente através da Base Nacional Comum Curricular (BNCC) que incluiu o ensino da educação financeira na grade curricular das nossas crianças. Viveremos uma revolução educacional que mudará gerações e produzirá prosperidade sustentável.

Aplicar a sabedoria da educação financeira não é só questão de necessidade, mas de felicidade. Pensar nisso enquanto se esforça para conquistar um grande futuro marcado por sonhos conquistados é bem mais estratégico do que refletir em devaneios consumistas que só servem para satisfazer o dia de hoje, sangrar as suas economias e comprometer a sua família.

Com um grande abraço, despeço-me, e espero nos encontrarmos em breve. Continue trabalhando com vontade e foco, decidindo pelo caminho da sabedoria, pois você também pode experimentar a realidade dos resultados da **FÉ**, dos **ESTUDOS** e da **EDUCAÇÃO FINANCEIRA**.

"VOCÊ PODE SER UM TRABALHADOR PRÓSPERO, DESDE QUE SEJA UM TRABALHADOR INTELIGENTE E APRENDA A ENTENDER A LINGUAGEM DO DINHEIRO."

RANIO GAMITA

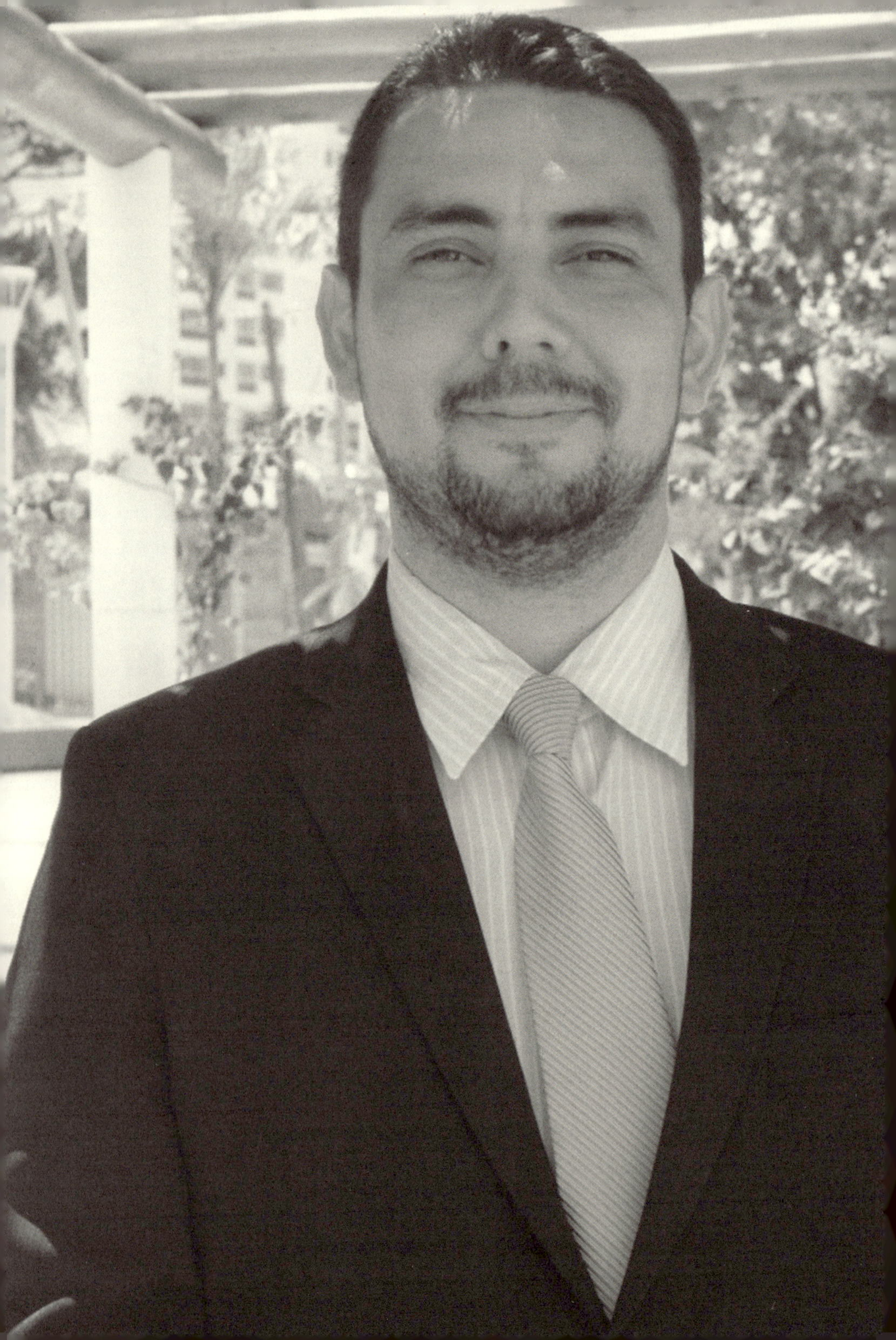

RANIO GAMITA

Vice-presidente e membro da Associação Brasileira de Educadores Financeiros (Abefin), bacharel em Ciências Contábeis, especialista em planejamento tributário, professor universitário, terapeuta e educador financeiro.

Ainda na infância, meus pais me ensinaram o valor de um bom planejamento e a importância de tratar de forma organizada as finanças. Sou detentor da marca *Voucher Digital*, ganhador de dois prêmios na categoria inovação e sustentabilidade. Casado e pai de duas filhas, tenho a mesma missão que meus pais tiveram, criar um ambiente para proporcionar alfabetização financeira em primeiro lugar para a minha família e, em segundo lugar, atuar como um verdadeiro missionário financeiro.

É necessário construir uma vida melhor, ter um estilo de vida diferente e simples. Todos temos uma missão: a minha é alfabetizar financeiramente o maior número de pessoas. Precisamos reconstruir os sonhos das crianças, jovens e adultos por meio de novos caminhos neurais. Para que isso possa acontecer, é necessário uma mudança comportamental do indivíduo e das famílias em torno das finanças. É hora de reprogramar o cérebro. Compreender e praticar a educação financeira é justamente tornar isso um hábito tão natural quanto respirar.

Creio profundamente que duas coisas simples podem ajudá-lo a reconfigurar seu cérebro: a primeira é a gratidão e, a segunda, são os pensamentos positivos. Lembre-se: somos apenas administradores!

A BOA SEMEADURA E OS CUIDADOS PARA SE REINVENTAR NO UNIVERSO DA EDUCAÇÃO FINANCEIRA

Vamos iniciar por quatro premissas.

1) Priorizar a educação financeira é uma excelente alternativa para que os trabalhadores tenham uma relação saudável com o dinheiro.

2) A educação financeira é tão importante quanto à educação social, alimentar e ambiental.

3) O dinheiro é algo do nosso dia a dia. O que os trabalhadores precisam é de um tipo de educação que aborde princípios financeiros básicos, capacitação financeira e autonomia financeira e econômica.

4) Ao entender o sistema global do dinheiro, trabalhadores deixam de ser escravos de um sistema econômico que privilegia a minoria conhecedora do tema em detrimento da maioria desconhecedora.

A maioria dos problemas econômicos que os trabalhadores e suas famílias enfrentam tem a ver com a transgressão à doutrina do contentamento, uma vez que contentamento é diferente de conformismo. Isso significa que é necessário aprender a ser feliz com aquilo que se tem e, em busca de melhoria contínua, sempre se perguntar: quanto é suficiente?

Você precisa ter um plano de recuperação financeira para realizar um verdadeiro *detox* financeiro, começando pela necessidade de saber lidar com o dinheiro e as dívidas sem valor. É exatamente sobre esse assunto que conversaremos nas próximas páginas, com o objetivo de compreender que você pode ser um trabalhador próspero, desde que seja um trabalhador inteligente e aprenda a entender a linguagem do dinheiro.

Tenho certeza de que, em algum lugar, durante os anos escolares, algum professor pediu a você que voltasse para casa com um copo cheio de terra. Nele, você plantaria cuidadosamente uma semente, seguindo instruções para trazê-lo de volta algumas semanas depois. Provavelmente, a semente tenha germinado dando origem a uma planta, marcando o sucesso da experiência.

Quando você e seus colegas de escola trouxeram o projeto de volta à classe, havia plantas grandes, verdes e saudáveis. Outras, menos frondosas e verdes; e algumas que eram insignificantes ou nem brotaram. Quem levou a experiência a sério obteve um grande ensinamento sobre as sementes. Esse ensinamento também pode se aplicar ao dinheiro e ao trabalho.

Os alunos que cuidaram de suas sementes, regaram-nas regularmente e as colocaram à luz do sol acabaram com uma planta florescente, que produziu muitas sementes a partir daquela plantada em sala de aula. Já os que não colocaram água regularmente, largaram o copo com terra no balcão da cozinha ou na janela acabaram por descobrir que a vida é feita de boa semeadura e cuidados. Tenha disciplina, implemente as orientações e os princípios que serão apresentados e você vai encontrar a proposta da capa.

O verdadeiro sucesso financeiro não é resultado do acaso ou destino. Eu sei que existe até uma certa obviedade nessa afirmação, mas devo registrá-la. A prosperidade, o tempo e os recursos devem ser usados com sabedoria. Mesmo alguém que tenha pouca semente para lançar, pode plantar sabiamente e esperar um excelente retorno.

Intencionalmente ou não, é a falta de educação financeira que leva milhões de pessoas à beira do precipício, vivendo com medo, preocupação e incerteza, razão pela qual a educação financeira precisa ser ensinada a todos, desde cedo, como uma das necessidades para o crescimento.

Vamos entender dois conceitos semelhantes: **força da vontade** e **força de vontade.**

A força da vontade é o poder da decisão, enquanto a força de vontade representa a força interior que a pessoa necessita para alcançar seus objetivos. Por isso, por meio da combinação entre essas forças, chega a hora de renascer, reinventar-se no universo da educação financeira.

Os hábitos do cotidiano ajudam a identificar o perfil de cada pessoa, e uma análise de todas as transações da conta bancária demonstra a forma como o dinheiro é tratado. Em última análise, reflete a situação financeira. Portanto é muito claro que a riqueza não deve ser considerada tema de pouco valor. Ao contrário, é um assunto de grande relevância que precisa ser altamente pesquisado e difundido.

Descobrir o destino de seu dinheiro é um desafio diário e precisa ser considerado com muita importância no processo de gerenciá-lo. Faz-se necessário adotar a melhor atitude para atrair riqueza, aprender a poupar e fazer o dinheiro crescer. Enfim, é necessário moldar a maneira como enxergamos o dinheiro. Para ter sucesso em qualquer campo da vida, o planejamento deve estar presente todo o tempo.

É importante se livrar da mentalidade de escassez. As finanças se entrelaçam com muitas demandas e podem servir para melhorar ou prejudicar diversas áreas da vida. Seja rico ou pobre, o dinheiro é o único assunto que afeta universalmente a todos, em maior ou menor proporção.

Você precisa aprender a ser um bom administrador das finanças. Entre os exitosos, nunca encontraremos ociosos, preguiçosos, indispostos ou desanimados em relação ao que precisa ser feito, de modo que só os diligentes prosperam.

Em vez de demonizar a riqueza, Deus nos ensina a tratar as finanças como uma maravilhosa oportunidade de aperfeiçoamento, desafiando-nos a pensar no trabalho e no dinheiro sem o enfoque limitado do egoísmo.

Ser prudente e organizado, mesmo enquanto se enfrenta uma situação financeira difícil, eventualmente, é o que leva ao futuro financeiro bem-sucedido.

Mesmo que esteja em desespero financeiro, sempre há esperança. Se continuar a agir impulsivamente, vai cavar cada vez mais o buraco financeiro, tornando-o ainda mais fundo. Numa situação de dificuldade, o primeiro passo é evitar decisões movidas pela emoção. A vitória financeira pode ser sua, e seus obstáculos serão superados quando tiver a certeza de que fez um bom planejamento e semeou com eficiência.

Nas próximas páginas, apresentarei orientações para que você possa ter uma vida de abundância, reforçando o título da obra: *Trabalhadores não precisam ser pobres!*

Desde que consiga observar as regras de fidelidade com os seus princípios e a identificação dos propósitos, gerar economia e promover a generosidade será o caminho da sua transformação financeira.

FIDELIDADE COM OS SEUS PRINCÍPIOS

Segundo as escrituras, as promessas de Deus foram colocadas em pedra, e todos nós sabemos a força e a resistência dos minerais. Se você deseja a abundância, da mesma maneira, suas promessas íntimas de mudança devem ser fortes e resistentes como a rocha. Talvez um grande princípio que precise empregar em sua vida seja a simplicidade. Seja simples e será protegido, será salvo! Existem outros princípios: procure e você encontrará o caminho da prosperidade, mas lembre-se de que, acima de tudo, a regra é a fidelidade.

- Novas janelas e oportunidades financeiras se abrem onde antes existiam apenas portas, ou seja, dívidas.

- O dinheiro, antes devorado pelos hábitos esbanjadores, sobrará para ser investido, de modo que os recursos não serão esgotados.

- Como toda boa semeadura, o trabalho, as ideias e os investimentos prosperarão, já que a pessoa talvez ainda não seja rica aos olhos alheios, mas no íntimo, saberá que seus pensamentos e ações são típicos da abundância.

- As pessoas perceberão e reconhecerão a sua evolução. Afinal, quando se coloca em marcha para um destino próspero, tudo no ser humano muda, ocorre uma revolução financeira em sua vida.

Em contraponto, todas as promessas de fidelidade com os seus princípios, que são como um bilhete para garantir os resultados de uma vida equilibrada, devem ser observadas e cumpridas, hoje, amanhã e sempre. Numa analogia, a saúde física pode até tolerar a quebra da promessa de uma dieta que começaria na segunda-feira, mas a saúde financeira requer urgência, pois dela dependem os seus sonhos.

IDENTIFICAÇÃO DOS SEUS PROPÓSITOS

A necessidade de identificar metas é inevitável. Uma vida sem objetivo é uma vida morta. É necessário que tenhamos o espírito bondoso, desprendido, com firmeza de propósito. O fungo cresce na vida sem propósito e, por isso, uma das principais causas da ineficiência mental e da fraqueza moral é a falta de concentração para fins dignos.

O sucesso em qualquer área que venhamos a empreender requer um objetivo definido e bem identificado. Com o tema da educação financeira, isso também se aplica, e quem deseja alcançar o verdadeiro sucesso na vida, deve manter firmemente o objetivo na rota das ações.

Fixe suas metas de vida, elegendo os sonhos como prioridade e reflita constantemente sobre isso. Onde não há um objetivo, há uma tendência para o insucesso. Não podemos nos esquecer de que existe oportunidade para todos, sendo que a grande diferença é o que cada pessoa faz com ela. Não há prosperidade por acaso, e tudo se resume a ter fé, prudência, virtude e perseverança.

COMO INICIAR UM ENVOLVIMENTO FINANCEIRO

Creio que o envolvimento financeiro é o melhor recurso para obter controle total sobre o dinheiro e despertar, enfim, do pesadelo das dívidas sem valor, isto é, aquelas feitas sem um propósito. Além disso, é algo que dispensa pré-requisitos, e cada semelhante pode praticar, desde que tenha comprometimento.

O envolvimento financeiro é o pilar da educação financeira. Por isso, um plano para controlar o gasto mensal, ou seja, um orçamento, é um hábito financeiro fantástico que evita a conta que não fecha: gastos além dos ganhos. Sem esse plano, o problema financeiro número um surge, pois a pessoa paga mais do que recebe. Logo, não consegue avançar financeiramente, segue trocando seis por meia dúzia ou, na maioria dos casos, por menos que seis, o que a faz viver totalmente no vermelho.

Ele permite ainda diagnosticar para onde todo o dinheiro tem ido. Por isso é tão importante ter controle total sobre os recursos recebidos. Uma vez implementado o envolvimento econômico, também no grupo familiar, você conseguirá se comunicar melhor sobre as finanças e, num curto espaço de tempo, sumirão os conflitos surgidos das dificuldades financeiras.

Daí a importância de economizar quando se é jovem, investir esse dinheiro e deixá-lo crescer exponencialmente ao longo do tempo. É assim que você se tornará financeiramente seguro, capaz de financiar sua vida. Se você é jovem há mais tempo, tenha calma, afinal, nada está perdido! Comece a contingenciar as despesas, controlar os recebíveis, poupar e investir para os sonhos.

- Certifique-se de pagar (devolver) para si o valor a ser poupado. Separe o dinheiro para comida, moradia, transporte, trabalho, despesas escolares e médicas, dívidas, roupas, presentes e, finalmente, entretenimento. Uma boa maneira de priorizar os gastos é pensar no que é absolutamente necessário (primeiro) e naquilo que é absolutamente frívolo (último).

- A última e grande regra de ouro: ao receber seu salário, vencimentos ou rendas, a primeira coisa que deverá fazer com a sua parte é poupar. Em seguida, separe um valor mensal para você e, somente depois, pague suas despesas. Funciona da seguinte forma:

GANHOS – SONHOS – PRESTAÇÕES/DÍVIDAS – RESERVA ESTRATÉGICA – DESPESAS

Por fim, reforçando o conceito financeiro e econômico, aquele plano de controle que recomendei (orçamento) deve ser por escrito, registrado no papel. A maioria das pessoas acha que sabe qual é o ralo por onde escorre seus ganhos. Pressionadas sobre o assunto, acabam por descobrir que não têm a menor ideia de como gastam o próprio dinheiro todo mês. Fazer um orçamento por escrito facilita a resposta para as três perguntas mais importantes dirigidas aos que buscam autonomia financeira:

1) Considerando que a maioria das pessoas só tem uma ideia vaga, com o que estou gastando o meu dinheiro?

2) Seja por desperdício, falta de estratégia, negligência ou velhos hábitos, por onde estou perdendo dinheiro?

3) Estou ganhando dinheiro suficiente para sobreviver ou devo procurar meios para aumentar minha renda?

Quando for capaz de responder a essas três perguntas, o ser humano deixa de voar financeiramente e passa a colocar os pés, com firmeza, no sólido chão por onde pisam aqueles que sabem educar e controlar a própria situação financeira.

O orçamento por escrito mostra uma imagem que permite ver o que está acontecendo na vida financeira e constata como se deve controlar o fluxo de cada centavo. Ele também serve para garantir que não haja mais gasto do que ganho. Ao alcançar esse estágio, a pessoa, de fato, aprende a se educar. Afinal, com um plano estruturado, o dinheiro que sai passa a ser igual ou menor ao que entra, colocando fim aos tempos em que muito saía e pouco entrava.

GENEROSIDADE É ESSENCIAL PARA SE TORNAR UM TRABALHADOR PRÓSPERO

De certo modo, assim que nos educamos para uma vida financeira saudável, é nossa responsabilidade ser generosos no que se refere a doar parte desse conhecimento a familiares e amigos que ainda enfrentam o rigor das dívidas, do banqueiro, dos juros e da pobreza.

A prática da generosidade (doar) é essencial para se tornar uma pessoa próspera, isto é, intimamente ligada com a evolução dos semelhantes. Tão logo uma pessoa aprende a doar, bênçãos são derramadas sobre a sua vida, eliminando a natureza egoísta e centralizadora do "eu".

A generosidade ajuda você a se tornar uma pessoa melhor em todas as dimensões da vida (material, física, mental e espiritual). Tenha pouco ou muito dinheiro, à medida que desenvolve o hábito de doar, a pessoa recebe um fortalecimento espiritual que serve até mesmo para a blindagem contra processos e teorias falsas que porventura apareçam.

Doadores multiplicam seus ganhos de forma abundante, pois são generosos através da atitude correta: de coração aberto. Quanto mais doam, mais recebem, o que lhes permite doar cada vez mais e melhor. Com generosidade, boa atitude e planejamento, será possível aumentar a renda e suprir todas as necessidades. O caminho dos financeiramente educados passa por esta estrada: aumentar a receita (salários, ganhos, rendimentos), reduzir as despesas, envolver-se com a economia, definir responsabilidades, estender a vida dos seus ativos, preservar a saúde e a energia, abrir portas para as oportunidades, multiplicar esforços, criar novos negócios, adquirir e doar conhecimento, atrair clientes e muitas outras coisas maravilhosas.

Tenho certeza de que você já ouviu o provérbio "de grão em grão, a galinha enche o papo". Para ser um trabalhador próspero, poupador e investidor, não precisa ter muito dinheiro. Lucro e prosperidade podem andar de mãos dadas com honestidade, bondade e serviço comunitário. Dessa forma, você será um trabalhador com presente e futuro brilhantes.

Segundo o escritor norte-americano Mark Twain (1835-1910), o povo judeu é um dos mais bem-sucedidos do mundo quando se trata de dinheiro e negócios – *The National Jewish Post & Observer*, de 6 de junho de 1984. Mas por quê? Por causa do ensino que recebem desde muito jovens. A sabedoria que aprendem permite que desenvolvam a mentalidade correta e os princípios para viver. Isso garante sucesso nessas áreas.

É muito importante que seja implementado em sua vida um modelo de ensino baseado em princípios básicos das finanças, o que podemos chamar de educação financeira.

Como diz o executivo norte-americano John Hope Bryant (1966): "Se eu der um milhão de dólares para um sem-teto, existe uma boa chance de que ele esteja falido e sem-teto de novo em, digamos, seis meses, porque não recebeu os nutrientes ou os recursos adicionais que lhe permitiriam criar um caminho diferente para si mesmo".

O dinheiro pode ser um veneno que destrói tudo, mas pode ser uma bênção desde que seja usado adequadamente, com muito cuidado, estratégia e inteligência. Que Deus continue lhe provendo de sabedoria para gerenciar corretamente as finanças que Ele colocou à sua disposição!

Concluindo, vou relembrar que, neste capítulo, trabalhamos quatro princípios: fidelidade, identificação dos seus propósitos, envolvimento econômico e generosidade. Tenho certeza de que esses princípios ajudarão você a cuidar do seu dinheiro, proveniente do seu trabalho.

Espero que esses ensinamentos sejam uma realidade em sua vida. Tenha disciplina e faça um *reset* financeiro. Afinal, o que separa a pobreza da riqueza está além das finanças: é uma questão de valores. Comece a pensar e praticar isso enquanto há tempo. Se você não acredita em si, ninguém mais acreditará. E, por fim, é indispensável que se torne bilíngue, que domine a língua nativa e aprenda a linguagem própria do dinheiro.

Bilíngue, você será melhor, mais forte e encontrará a trilha da prosperidade, sobretudo por saber, a partir de agora, que os trabalhadores não precisam ser pobres e que você não merece ser uma pessoa subjugada pelos agentes dos juros.

Ao contrário, o futuro de sua família, o seu e o de seu país espera que você comece a realizar os seus sonhos imediatamente. Para isso, é preciso dinheiro, sim. Mas, como deixei claro, o dinheiro sozinho não traz felicidade. Já a educação financeira traz, mantém e provisiona o máximo de plenitude possível.

"SE APENAS PENSAR EM TER DINHEIRO FOSSE SUFICIENTE PARA REALIZAR SONHOS E RESOLVER PROBLEMAS, O MUNDO INTEIRO VIVERIA EM ETERNA REFLEXÃO, SEM AÇÃO ALGUMA."

ANDREZA STANOSKI

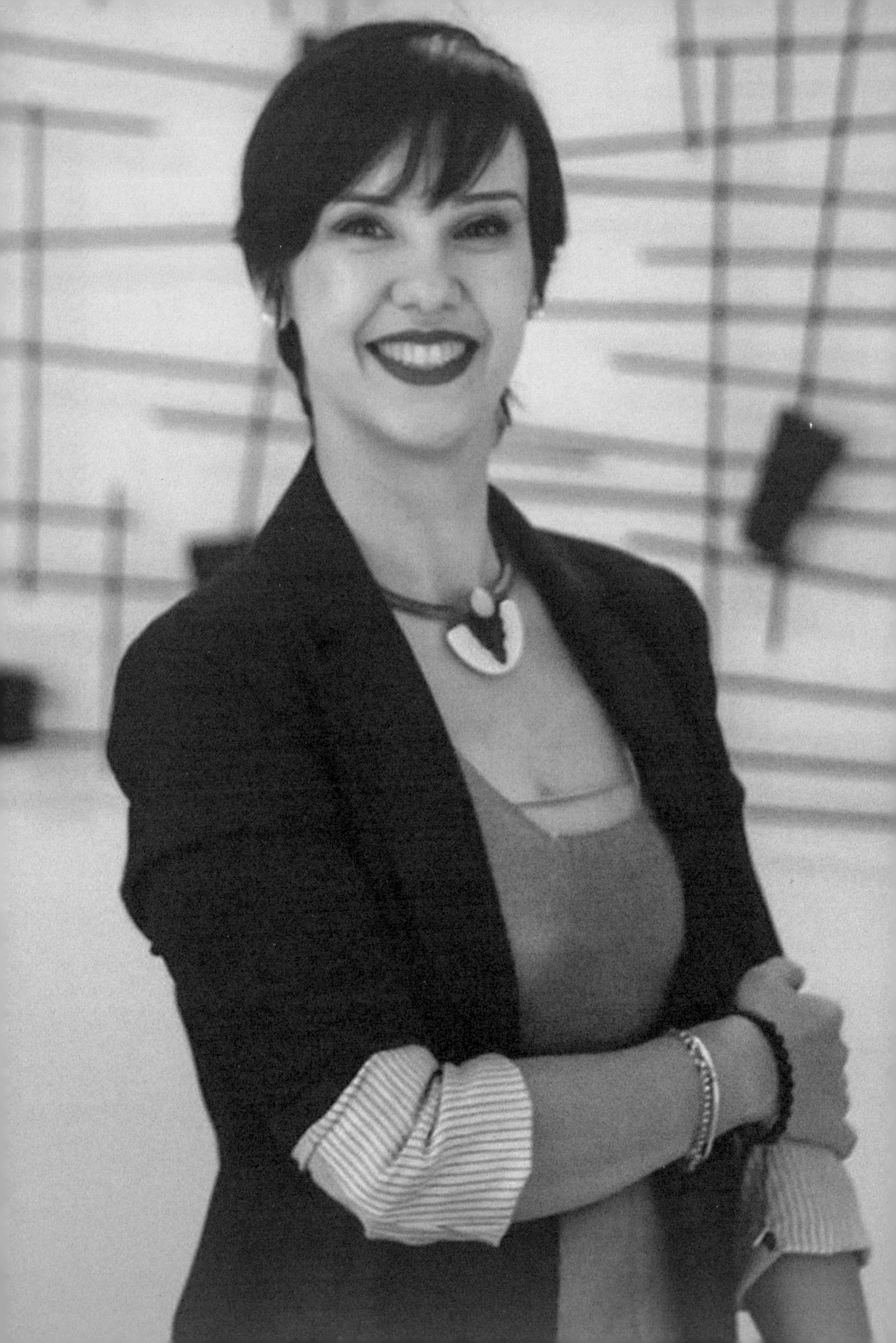

ANDREZA STANOSKI

Sou empresária e educadora financeira. Casada com o Anderson e mãe da Larissa, cresci com um modelo mental: em que meu pai, o senhor Osmar, de origem gaúcha, era o provedor da casa, sempre administrando e economizando. Já a mamãe, a dona Rosa, era uma mineira que administrou como ninguém a nossa casa com muito zelo e carinho.

Comecei a trabalhar com 13 anos de idade para realizar meus sonhos de ter uma bicicleta e um par de patins. Atualmente, atuo como palestrante e consultora financeira. Oriento os empreendedores a serem mais assertivos em suas decisões (micro, pequeno e médio empresários de diversas áreas de atuação). Sou membro e conselheira fiscal da Associação Brasileira de Educadores Financeiros (Abefin).

Após uma falência empresarial, comecei a estudar e a entender melhor a educação financeira. Fui presenteada com um livro sobre esse tema e, a partir de então, busquei conhecimento e informação e não parei mais de estudar. Formada pela DSOP Educação Financeira como educadora financeira e pós-graduada em educação financeira com neurociência para docentes, sou cofundadora da empresa *Dream Company Finanças* desde 2011. Ainda sou voluntária no projeto social Pekê (reforço escolar para crianças carentes).

Sou apaixonada por trabalhar com crianças e adolescentes, e o meu grande sonho social é criar um projeto voltado para transformar vidas. Nele, desejo que se formem empresários, trabalhadores, profissionais e missionários que saberão o que fazer para realizar seus sonhos! Independente da classe social, serão determinados, realizadores e apaixonados pelo o que fazem.

QUEM NÃO HERDOU EDUCAÇÃO FINANCEIRA DEVE DEIXÁ-LA COMO HERANÇA

De início, vamos pensar apenas naquele pedacinho de papel chamado dinheiro. O que ele pode nos proporcionar?

Além de realizar boa parte dos nossos sonhos, o dinheiro nos proporciona segurança, passeios com amigos, viagens, estudos, acesso a novos lugares e contato com pessoas diferentes. Com o seu trabalho, seja qual for o salário, é possível realizar todos esses sonhos, sem abrir mão da qualidade de vida, desde que preste atenção em duas premissas:

1) Não é saudável, tampouco factível, concentrar a esperança e a felicidade de realizar os sonhos somente no dinheiro;

2) Ter o dinheiro como um fim é sinal de falta de desejo. Afinal, o recurso é um meio para alcançar os objetivos.

Todos nós temos sonhos subjetivos, desconectados dos sonhos materiais, cuja realização se dá no âmbito da satisfação emocional. Por exemplo: fazer um projeto altruísta, ser médica, ter uma família feliz, ser uma pessoa vitoriosa.

Uma pergunta pode ilustrar a reflexão: você continuaria exercendo a sua profissão atual ainda que fosse uma pessoa milionária? A realização e a felicidade se manifestam quando se descobre que continuaria a fazer aquilo que sempre fez, ainda que gratuitamente. Nesse caso, você pode dizer que achou o seu propósito de vida.

Muito longe da utopia, a independência financeira é adquirida quando se trabalha por prazer e não pelo retorno financeiro. Ao encerrar as minhas palestras, quando os participantes relatam que bateram suas metas na empresa que trabalham, sinto o prazer de ter participado, mesmo como coadjuvante, desses momentos.

Embora sejam resultados típicos da vida em sociedade, que tende a comparar, sentimentos como ganância e inveja podem começar a aparecer quando se compara a própria vida com a vida de outras pessoas do convívio, seja no trabalho ou na intimidade.

Livre-se desses sentimentos, pois se você dispensa seu tempo para a ganância e a inveja, é melhor que foque no seu próprio sucesso e felicidade. Traga a responsabilidade para você e deixe a responsabilidade dele. Entenda que, no mercado de trabalho, as hierarquias convencionais mostram que o tempo, o aprendizado e as responsabilidades garantem o salário de acordo com o que se produz. Aos empreendedores, existe a chance de quebrar essas barreiras e depender somente de seu único esforço.

"Trabalhar para pobre é pedir esmola para dois" é um ditado popular que todos nós conhecemos. Lembro-me do que pensei quando o escutei pela primeira vez.

Realmente, é uma frase que choca; porém, ela é autêntica.

Investi tempo para analisar o significado desse ditado e constatei o seguinte: como colaboradora de uma empresa que não tem visão empreendedora, como poderia crescer e aumentar minha renda? Em segundo lugar, a palavra pobreza, além de classificar um perfil econômico, na minha opinião, tem significados mais abrangentes:

Não ter vontade de viver.

Não ter o desejo de mudar.

Ser alguém pobre de espírito.

"Pense como funcionário e sempre terá salário de funcionário."

No início, quando meu marido e eu abrimos uma empresa, tivemos nossas divergências. Ele, arrojado; eu, altamente conservadora. Após anos trabalhando lado a lado, ao migrar da perspectiva conservadora para a empreendedora, percebo que não consigo mais pensar como funcionária. Acredito que o controle está nas minhas mãos, que a empresa funciona pelas responsabilidades adquiridas e pelo empenho de cada colaborador.

Estes são alguns dos pensamentos de funcionário que eu já tive e descrevem o tipo de raciocínio que gera retorno financeiro abaixo das expectativas. Aliás, uma orientação a quem pretende crescer na empresa em que trabalha: sócios e gestores evitam atribuir novos cargos ao funcionário que carrega esses comportamentos limitados. Confira:

- "A tarefa não corresponde às minhas funções e, portanto, não vou fazê-la."
- "Já são 17h50. Vou encerrar o meu expediente porque não ganho hora extra."
- "Nem relógio trabalha de graça. Não preciso mais trabalhar hoje."
- "Se eu fosse o dono desta empresa, faria tudo diferente."
- "Que cliente mais chato!"
- "Seria bom se o dono da empresa fizesse tal coisa."
- "Isto são horas para ligar? Justo agora que faltam poucos minutos para eu ir embora..."

Com o pensamento empreendedor, não tenho horário para trabalhar, atender clientes ou prospectar. Assumo uma agenda que me ajuda a organizar tarefas e definir as situações e os clientes que serão a prioridade do dia. Logo, isso gera excelentes resultados financeiros e comprova que toda hora é hora de *networking*, isto é, sua rede de contatos.

Faça o mesmo com a sua vida profissional, e o reconhecimento chegará bem mais rápido. Assim as pessoas chave para o seu sucesso vão reconhecer o seu empenho em fazer a empresa crescer, seja no atendimento do cliente, no gesto simples de economizar materiais da empresa ou na audaciosa atitude que faz tudo ficar melhor.

Comece a mudar pela maneira como lida com os colegas de trabalho. Fuja das fofocas, das conversas nocivas que não ajudam em nada no seu crescimento ou da empresa. Tenha foco para aprender e trabalhar mais, até realizar os seus sonhos, o que é bem diferente de somente ganhar dinheiro.

Comecei a trabalhar aos 13 anos de idade. Nessa época, minha mãe teve de me acompanhar para autorizar a emissão da carteira de trabalho. Comecei a trabalhar em uma loja de shopping como estoquista de roupas. Não demorou muito para que fosse promovida ao caixa, depois a vendedora e, assim, assumi um cargo depois do outro, avançando, decidida a realizar meus sonhos.

Aprendi tudo por meio de bons exemplos. Minhas irmãs mais velhas também trabalharam no mesmo lugar. Inspirei-me ao ver uma delas comprar carro e apartamento. Lembro-me desse início da vida profissional. Fisicamente, foi dolorido. Ficava em pé o tempo todo. Antes de dormir, esticava as pernas para cima, na parede, e mudava o travesseiro de lugar, para dormir naquela posição e aliviar a dor nas pernas. Recordo-me também de uma saudável e reincidente divergência entre meus pais.

"Acho que a Andreza é ainda muito nova para trabalhar", dizia minha mãe, ao que meu pai respondia, confiante, "Ela está viva e vai conseguir passar por isso!".

Inspirada em uma das minhas irmãs gêmeas, que acabara de comprar um carro, guardava dinheiro para comprar um apartamento e ir morar sozinha. Percebi que, em mim, também pulsava um desejo investidor e de empreendedorismo.

Quando me casei, assumi, com meus sonhos que estavam se realizando, as responsabilidades de ser mãe, esposa e trabalhadora. Foram tempos difíceis de privações e escolhas prudentes. Após pagar todas as contas, aquilo que restava para almoçar era inferior ao que se pagaria em uma única refeição num restaurante simples. Por um bom tempo, precisei almoçar numa rede de restaurantes populares, que oferecia refeições a um preço acessível. Naquela época, minha filha tinha pouco mais de 1 ano e ficava na creche em tempo integral. No entanto, havia em mim uma inquestionável certeza de que tudo aquilo seria passageiro e que os meus sonhos se realizariam.

No período noturno, começava a segunda jornada, a de mãe e esposa. Minha mãe prestou incontável ajuda em boa parte dos cuidados diários com a minha filha até que eu me adaptasse e aprendesse tudo...

De tudo um pouco: aprendi sobre vendas enquanto construía uma carreira na área comercial; sobre câmeras de segurança, pneus, consórcios, planos odontológicos e empréstimos. Faltando um mês para a despedida do ano de 2011, recebi o telefonema do meu marido.

"Andreza, vou devolver o carro da empresa e assinar minha carta de demissão. Vamos abrir uma empresa e trabalhar com empréstimos para caminhoneiros, um negócio bom e honesto, que oferece uma comissão justa. Com esforço, posso ganhar quatro vezes mais que o meu salário atual."

Confesso que ainda pensava como funcionária, e essa decisão me deixou com medo. O primeiro ano foi muito positivo; mas, ao término desse primeiro exercício de ter uma empresa, os bancos parceiros bloquearam os empréstimos por causa da alta inadimplência. Assim, no ano seguinte, falimos.

Toda experiência negativa traz, além de aprendizado, uma inquietude. Comigo também foi assim. Antes de fechar a franquia de empréstimos, eu via o cliente chegar desprovido de qualquer planejamento ou, até mesmo, sem perceber se a parcela daquele empréstimo recém-obtido seria suficiente para liquidar suas dívidas. Isto é, era mais uma atitude para cobrir a sensação de se liquidar uma dívida a solucioná-la de fato.

Percebi que a nossa empresa estava ajudando o cliente a cavar um buraco para cobrir o anterior. Em outras palavras, a nossa franquia era o braço de uma franqueadora grande e o despreparo dos clientes, quando se tratava de fazer empréstimos, deixava-me com a sensação de que estava apenas os ajudando a enxugar gelo.

Desconfortável com essa situação, comecei a ler livros e fui buscar saber mais sobre educação financeira, uma vez que me sentia movida pelo incômodo e também pelas brigas com meu marido, típicas de qualquer casal em situação de endividamento.

O dinheiro um dia planejado e reservado para a construção da casa própria se foi, consumido pelo acúmulo de juros e multas que precisávamos pagar para entregar a sala comercial alugada e pela quebra do contrato. Afinal, a franqueadora não quer saber se as regras bancárias mudaram ou se os bancos cancelaram a carteira de empréstimo por causa dos inadimplentes. Se o franqueado quebrou o contrato, paga-se e ponto-final. Simples assim...

Neste ponto da narrativa é que se encontra o aprendizado apropriado para você que decidiu adquirir este livro por não concordar com a teoria de que trabalhadores precisam ser pobres.

Analisando a situação que eu e meu marido vivemos, o leitor pode perceber como foi doloroso o resultado de ter a motivação empreendedora em alta e o planejamento em baixa. Naqueles dias, havia muita vontade e pouco conhecimento. Uma conta que não fechava foi o que nos fez falir. Por isso, antes de tomar qualquer atitude, faça um planejamento mínimo de seis meses e tenha sempre uma reserva estratégica.

Todo aquele desgaste foi um aprendizado que valeu trinta anos de estudos sobre finanças empresariais. Ainda assim, não desejo a falência para ninguém, e farei todo o possível para orientar você e o seu negócio nas estradas que meu marido, nosso negócio e eu trilhamos naqueles dias complicados.

Seja para financiar ou refinanciar um carro ou um imóvel, negociar ou renegociar o empréstimo adquirido numa instituição financeira, a decisão exige planejamento, meta, foco no resultado, cálculo paralelo que considere o montante necessário para realizar os seus sonhos (tão importante quanto a quitação das dívidas) e, principalmente, ensinamentos com especialistas da área de educação financeira, como tantos amigos e eu, que nos dedicamos a esse tema, habilitados para calcular projeções.

Se um dia você estiver nessa situação, não faça como a maioria das pessoas faz, que se guia pelo achismo sem ter certeza daquilo que vai acontecer ou, ainda mais grave, que se aconselha com o gerente da instituição financeira em que tomou o empréstimo, cenário que equivale ao coelho deixar sua toca segura para visitar a raposa e pedir um conselho de sobrevivência.

Enquanto enfrentava o impacto dos dias difíceis, recebi da amiga e cliente Marcela, um livro chamado *Terapia Financeira: realize seus sonhos com Educação Financeira*, do PhD Reinaldo Domingos (Editora DSOP, 2011), e só tenho a agradecer a Deus por colocar esse tesouro em minhas mãos! Ainda era cedo para que eu soubesse disso, mas o fato é que esse livro fortaleceria o meu trabalho. Durante a leitura dele, recebi um convite para fazer um curso gratuito. Foi quando conheci a DSOP Educação Financeira e descobri uma metodologia muito parecida com a maneira que eu fazia minhas consultorias. Intuitivamente, eu estava no caminho certo.

Com a **Metodologia DSOP**, do PhD Reinaldo Domingos aprendi algo financeiramente simples, mas que transformou o meu modo de pensar e agir: os sonhos precisam vir em primeiro lugar. Desde então, quando quero comprar algo que não é prioridade, lembro-me de que os sonhos somente se tornam realidade quando me dedico a realizá-los, e isso significa, para mim e para você, que devemos levar em conta o indispensável e abrir mão das compras supérfluas, que as campanhas de marketing tenta nos vender todos os dias.

Até a falência, eu me posicionava como coadjuvante nas finanças do casal, de maneira que aceitava viver dependente das decisões do meu marido. Com a falência do nosso negócio, e depois de algumas perdas familiares, analisei outra vez a minha situação. Decidi que seria a protagonista da minha vida e teria autonomia financeira para manter o meu padrão de vida sem depender de ninguém.

Em 2012, comecei a realizar consultoria financeira para pessoas físicas. Escolhi dez amigos e, gratuitamente, dividi os meus conhecimentos. Já sabia como era a dor da falência e, a partir daquele momento, como educadora financeira, desejava contribuir para que as pessoas conseguissem o mesmo êxito que eu buscava. Dois desses amigos se tornaram clientes fidelizados e crescemos juntos.

Até mesmo depois de aposentado, meu pai sempre fazia negócios. Comprava e vendia terrenos, dava o "jeitão" gaúcho dele de empreender. Enquanto minha mãe era viva, os dois se mantinham financeiramente com as próprias economias. Entretanto, uma coisa é a pessoa saber se virar enquanto está saudável e forte. Outra, bem diferente, é se ver acamada e impossibilitada de trabalhar. Enquanto escrevia minha participação neste livro, meu pai alcançava os 90 anos num leito de hospital e minha mãe havia partido.

O texto que está diante de seus olhos foi criado no hospital, enquanto cuidava do meu pai. Antes que pudesse concluí-lo, meu pai faleceu, deixando, além da dor, dois aprendizados. O primeiro trata de comportamento. Meu pai foi um trabalhador incansável, mas não conheceu a educação financeira e, sem a minha ajuda, ele não teria condições de se manter ao final da vida. Como a maior parte dos brasileiros, meu pai se preocupou com o sustento dele e da família, mas não pensou no futuro. Após sofrer um AVC, em 2017, a saúde dele piorou.

Prometi a mim mesma que me comportaria de maneira diferente, e essa é uma promessa que você, leitor, pode se fazer. Afinal, honrar os pais é ter o mesmo caráter e as mesmas virtudes que eles têm. Em contraponto, não precisamos ser pobres, desconhecer uma vida mais próspera e tampouco viver na berlinda das finanças, tal qual nossos pais aprenderam em dias de desinformação.

Quanto ao segundo aprendizado, posso dizer que, se por um lado meu pai não conseguiu acumular riqueza financeira; por outro, foi um homem determinado que me ensinou muito. A breve história que escrevi aqui teve a influência positiva dele, especialmente, sobre trabalhar com muito esforço, como descreverei a seguir.

Assumo três ocupações enquanto pavimento minha independência financeira. Na primeira, meu marido e eu estamos a todo vapor, trabalhando lado a lado. No começo, trabalhar juntos resultava em brigas, um ocupava o espaço do outro. Com a dor da falência, adaptamo-nos. Passou a ser muito prazeroso dividir os negócios com quem amo. Além de utilizar a **Metodologia DSOP** todos os dias, desenvolvi uma consciência profissional. Aprendi que devo me responsabilizar pelas minhas escolhas e buscar soluções sem jamais comprometer a minha situação financeira ou a da minha empresa. Isso fez total diferença para nós, e fará para você que vive uma situação semelhante, seja no campo empresarial ou como colaborador de alguma empresa.

Aprenda a dividir e assumir responsabilidades enquanto constrói um saudável futuro profissional e financeiro. Ao fazê-lo, perceberá que as opções se resumem a agir assim ou a apontar o dedo indicador para o outro, tentando provar que ele está errado, como meu marido e eu um dia fizemos.

Na segunda ocupação, enquanto presto serviços para uma empresa em que sou consultora há algum tempo, sou reconhecida pelas atividades que realizo nos setores administrativo e financeiro. Tenho aprendido com o sócio e me especializado cada vez mais, para fazer a melhor transição possível para a área comercial. Desse modo, meu cliente acredita que sou capaz de repetir na área comercial o resultado que alcancei nos setores administrativo e financeiro. Segundo as palavras dele, "o fato de ser extrovertida e ter paciência com os vendedores já muda tudo".

Isto é o que você pode fazer pela sua vida profissional e empreendedora. Aumentar a sua renda mensal é possível, desde que acredite, pague o preço de estudar, neste caso, estou me referindo ao custo de se dedicar, abrindo mão de prazeres ou de companhias, até conseguir nova posição, ascensão e reconhecimento, pois disso dependerá o futuro e a realização dos seus sonhos.

A terceira ocupação diz respeito ao tempo que dedico no estudo do mercado financeiro, para aprender a reservar e avolumar o dinheiro que um dia será destinado aos meus sonhos. Enquanto faço isso, aloco os recursos no melhor lugar possível e me preparo para um grande sonho, que começou em 2012: trabalhar e viver exclusivamente para a educação financeira!

Essa terceira ocupação deixa uma lição bem definida para você, que não quer e nem precisa ser pobre: observe que este livro foi lançado em 2019 e, desde 2012, venho batalhando pelo maior sonho da minha carreira. O meu sonho tem data específica para acontecer, e o seu também precisa ter.

Todo sonho que se torna realidade não acontece do dia para a noite, razão pela qual muita gente deixa de sonhar. Lembre-se de uma máxima que será indispensável para acumular riqueza e realizar os seus sonhos:

> *"A construção dos sonhos precisa vencer o imediatismo típico do povo brasileiro, que deseja tudo para ontem."*

Outro sonho que me fortalece é um projeto que visa construir uma Escola do Futuro, com base em uma mudança social que me permita continuar ajudando mais e mais pessoas, uma vez que acredito que todo ser humano tem o direito de mudar a mentalidade financeira, descobrir os propósitos de sua vida e alcançar as metas que precisa realizar para concretizar os seus sonhos.

Sugiro que investigue qual é o sonho que te fortalece. Coloque-o na lista dos seus sonhos, determine quanto ele vai custar, monitore o andamento dele, defina a maneira de realizá-lo, eleja as pessoas que poderão lhe ajudar e as que estarão ao seu lado quando ele se tornar realidade e, por fim, imagine como você ficará feliz ao realizá-lo. Todos esses passos são como uma receita de bolo, que você, e apenas você, pode e deve ser o confeiteiro.

Pensar e agir de maneira rica, como nos ensinam os maiores empreendedores do mundo, exige que você faça e dê o melhor de si para chegar ao objetivo. Sempre gostei de ensinar. Se é de curto, médio ou longo o prazo que terei para contribuir como consultora contratada pela empresa, faço e ofereço o melhor de mim em favor de seus clientes, para que continuem em bom ritmo após os meus serviços. É sobre isso que merecem pensar aqueles que não desejam ser pobres de ação ou de dinheiro. **Atuando como empregado ou patrão, o melhor que podemos oferecer é suficiente e qualquer coisa abaixo disso, é risco.**

Cair na rotina, sem nada mais para realizar, não é um modo de vida que me atrai, e não deveria atrair aquele que deseja crescer. Daí vem a importância de se ter, no mínimo, três sonhos, um para cada prazo: curto, médio e longo. Além disso, outra questão a ser resolvida requer a decisão de empreender ou ser colaborador de alguma empresa. Aos olhos da educação financeira, não existe certo ou errado, e essa decisão é individual.

Assim como as medicações não têm o mesmo efeito em pessoas diferentes, o empreendedorismo não atende às necessidades de todos. Imagine se todos os colaboradores do maior hipermercado do país resolvessem ser donos dos seus próprios supermercados. Haveria caos, inadimplência, especulação e incertezas. Portanto, o mundo dos negócios segue a mesma lógica da natureza e sobrevive por meio do equilíbrio. Se todos são importantes na natureza, o mesmo ocorre no *business*, e todas as especialidades são fundamentais para que a roda gire. O mesmo ocorre nos segmentos de mercado, cada um é fundamental para que o consumo consciente e a qualidade de vida passem a ser a busca de todos, o que seria maravilhoso para uma vida plena em sociedade.

As minhas consultorias individuais começaram quando percebi que os funcionários não sabiam para onde ia o dinheiro que ganhavam e não encontravam caminho certo para realizar os sonhos deles. Notei que grande parte dessa dificuldade tinha origem no fato de a pessoa não saber se deveria atuar como empregado ou empregador, colaborador ou empreendedor.

Foi aí que a minha consultoria passou a ajudar essas pessoas a buscar um diagnóstico dos seus perfis. Aos leitores, ofereço o principal segredo desse diagnóstico:

> *Quem percebe que o mercado precisa de uma prestação de serviço inédita, sente que é capaz de ajudar e tem a coragem de traçar e executar um plano para preencher essa lacuna é empreendedor. Da mesma maneira, se pensar "um dia alguém vai dar conta disso", então o perfil é de empregado (lembrando que não existe certo ou errado, melhor ou pior).*

Uma vez que se descobre o perfil, cabe pensar na mudança do comportamento financeiro, o que não é algo tão simples. Educadores financeiros estão aptos a auxiliar, com orientações e lições estratégicas que podem encurtar a dura jornada de fugir da pobreza e alcançar a autonomia financeira, seja como empregado ou dono de uma empresa.

Já atendi empreendedores como eu, que trabalham com a família. Sei que, quase sempre, as discussões e discordâncias devem sair do achismo e buscar o amparo desses especialistas.

Vale pensar que empreendedorismo não funciona para aventureiros e sim para aqueles que acreditam e fazem acontecer. Conceber uma ideia brilhante mas não planejar a sua realização, seja o tempo que for necessário para isso, é o mesmo que ter uma Ferrari com o motor de um carro popular. Coloque hoje no papel o que deseja realizar, quanto esse desejo vai custar, qual será o investimento inicial dele e lembre-se de definir quando, especificamente, a sua independência financeira chegará. Sugiro que não dê um passo empresarial, investidor ou empreendedor sem essa certeza!

Após me tornar empresária, sem benefícios de colaboradora, foi preciso analisar melhor o meu próprio caminho profissional. Com base nessa experiência, afirmo, com segurança, que um simples impulso sem planejamento pode acarretar prejuízo.

Não dependa de grandes carteiras de clientes. Tenha uma diversidade de clientes e evite o erro que um dia cometi, quando coloquei todas as energias no primeiro cliente. Quando terminou o contrato, fiquei sem caixa, e isso não precisa acontecer com você.

Evite gastar energia com pagadores ruins e, como a palavra não tem mais o valor da época de nossos avós, tenha sempre um contrato protecionista. Por último, se for necessário cancelar o contrato com um cliente inadimplente, faça isso, pois é melhor tomar essa atitude a desvalorizar a sua hora de trabalho. E já que toquei no assunto, como um presente de despedida, vou ensinar você, que pensa em ter seu próprio negócio, a calcular um valor justo e factível para a sua hora.

No livro *Como salvar uma hora todos os dias*, de Michael Heppell (Editora Gente, 2012) aprendemos a calcular o seu valor. Vou mais além. Diferentemente do custo, o seu valor refere-se ao quanto você se dedicou para executar uma tarefa e também o quanto precisou se preparar para realizar um trabalho com perfeição – são as horas de estudos, os gastos e o tempo de experiência.

Exemplificando:

Quanto você quer ganhar?

Lembre-se: há, em um ano, 365 dias, mas trabalhamos, aproximadamente, 220 dias.

Coloque o valor mensal que queira ganha e divida por 20 dias, que são os dias úteis. O resultado tem que ser novamente dividido, só que agora por 4 (referente às horas realmente trabalhadas), isto é, você não trabalha 100% das horas, portanto, usaremos uma carga horária mais realista.

Ao longo dos anos, concluí que a minha hora com um cliente inadimplente, que me desvaloriza e reclama do preço que cobro, gera prejuízo.

Prefiro investir o mesmo tempo na especialização da minha carreira. Essa percepção potencializa o valor de minha hora, que começa a ter mais valor, maior conhecimento prático e teorias aplicadas. Concluindo, é financeiramente mais saudável investir uma hora em conhecimento a correr o risco de perder duas horas com um cliente inadimplente.

Como se pôde perceber, trabalhadores não precisam ser pobres, ao contrário, têm o justo direito de prosperar. E todos, sejam assalariados ou donos do próprio negócio, precisam de orientação financeira, pois ambos podem ganhar rios de dinheiro, mas correrão o risco de findar a vida sem recursos até mesmo para cuidar da saúde.

Isso aconteceu com o meu pai e arrasou meu coração. Por isso, aprendi a me precaver, para que o mesmo não aconteça comigo ou com a minha filha. O segredo é perdoar o que não foi feito ontem, construir hoje a independência financeira e realizar os sonhos no futuro de curto, médio e longo prazo, a depender do tamanho e do preço de cada sonho.

E por falar em sonhos, se eu puder ajudar você a realizar cada um dos seus, é só me procurar...

"É IMPORTANTE TERMOS SONHOS INDIVIDUAIS; MAS, QUANDO SOMOS UMA FAMÍLIA, SONHAR EM CONJUNTO UNE, INSPIRA, FAZ LUTAR PELO MESMO OBJETIVO E SEGUIR NA MESMA DIREÇÃO."

ZILDA SILVA

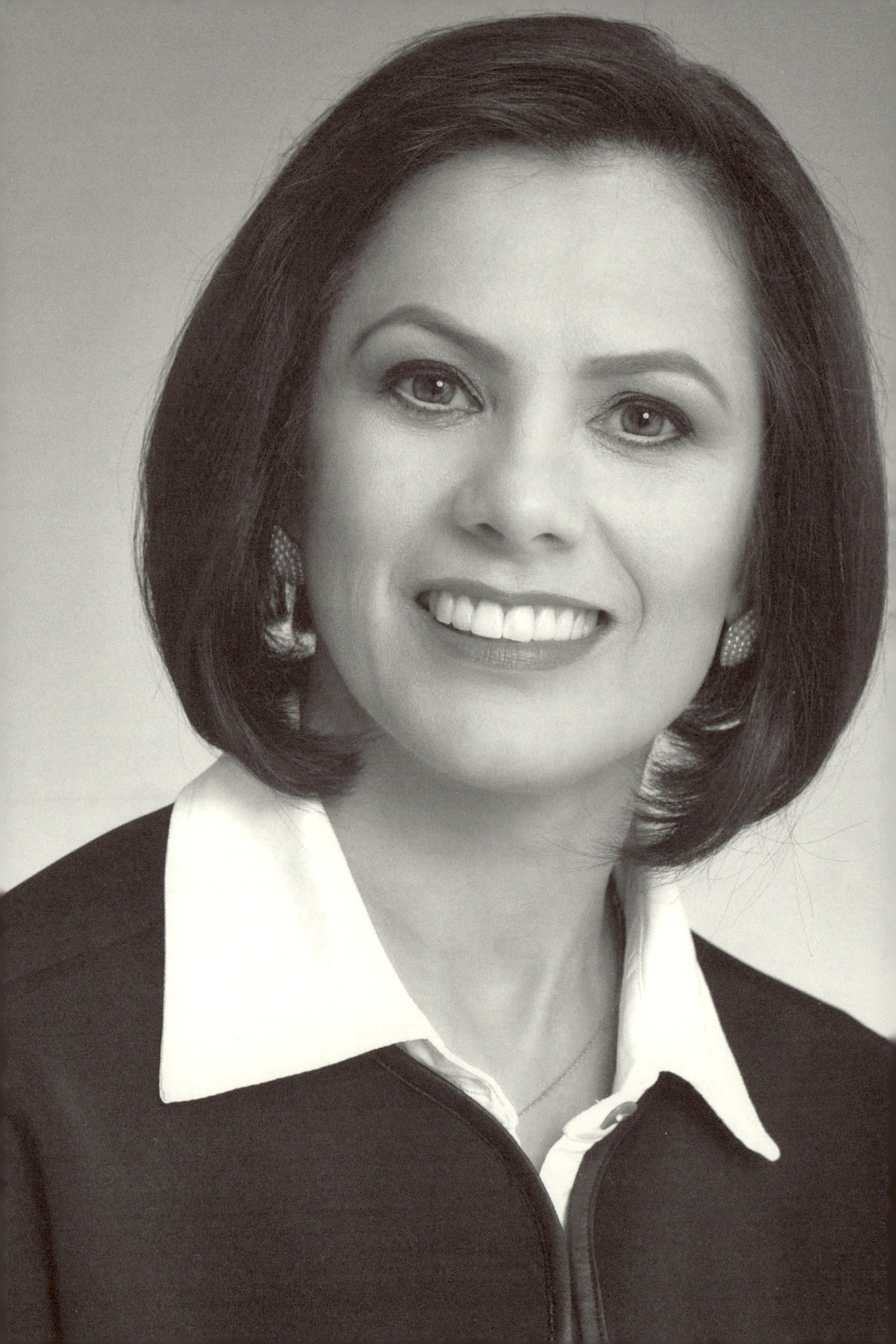

ZILDA SILVA

Sou empresária, educadora e terapeuta financeira, companheira, mãe de um filho e de dois enteados. Comecei a trabalhar aos 14 anos para ter meu dinheiro. Sempre fui organizada com as finanças. Atuei em grandes e médias empresas como analista e gerente de recursos humanos, e sou inconformada com o que as pessoas fazem de suas vidas em função da desorganização financeira.

Acompanhei diversos casos de pedidos de empréstimos ou de funcionários que forçavam suas demissões para conseguir retirar o fundo de garantia para pagar dívidas, além da depressão ou do estado emocional que não possibilitava essas pessoas trabalharem ou terem qualidade de vida. Comecei a buscar informação e conhecimento para ajudar as pessoas a mudarem sua situação e a educar aqueles que iniciavam o primeiro emprego.

Foi aí que encontrei a **Metodologia DSOP** e entendi que o controle financeiro que eu tinha não era educação financeira, pois me levava a viver dentro do orçamento mensal ao invés de buscar minha independência financeira. Consegui vivenciar a metodologia no meu dia a dia e aplicar em outras pessoas, certificando-me da mudança comportamental com relação ao dinheiro, essencial para a efetiva mudança de perfil financeiro e realização dos sonhos. Com certeza, hoje a educação financeira norteia minha vida em todas as decisões.

O ORGULHO DE OLHAR PARA TRÁS E VER UMA DIGNA TRILHA DE SAÚDE FINANCEIRA

Ah, o sonho... Como é bom realizar o sonho de sair de uma situação para outra, carregar o anseio de crescer, aprender, ser alguém na vida, viajar, ter filhos, casa, carro, trabalho, profissão. Enfim, o sonho inspira, move, afasta da zona de conforto, dá foco e nos faz perseguir a realização.

Euclides e Ana se conheceram, casaram-se, tiveram uma filha e decidiram deixar o interior, onde trabalhavam na roça, para morar na cidade e, como se não bastasse a enormidade do desafio, em outro estado. Corajosos, só tinham no coração uma referência, a experiência de conhecidos que foram para a cidade e conseguiram um emprego. Um deles, inclusive, já tinha casa própria e poderia ajudar Euclides a conseguir emprego também. Mulheres não trabalhavam em empresas naqueles dias, mas Ana poderia trabalhar em casa de família, fazer limpeza.

Com uma filha nos braços e outro para nascer, pegaram os pertences e partiram em um velho caminhão. No caminho, estrada de chão, chuva, barro, um dia inteiro de viagem pela frente, virando a noite, sem experiência e sem comida. Nada foi fácil, mas o sonho de uma vida melhor fazia tudo valer a pena.

Por alguns meses, moraram num porão de chão batido, com paredes de taipa de pilão. Euclides começou a trabalhar e, embora tivesse estudado somente até a quarta série, a empresa lhe possibilitou cursos profissionalizantes. Como gostava de aprender, não perdeu nenhuma das oportunidades. Tornou-se profissional da área de mecânica e, com o tempo, conseguiu aumentar o seu salário.

Enquanto isso, Ana cuidava da própria filha e da filha de sua irmã, que havia chegado dois meses antes. As dificuldades foram muitas. Ana perdeu o bebê que esperava, a comida era escassa e o futuro incerto, mas conseguiram seguir com o sonho de prosperar. Compraram meio terreno com a venda da casa de seu local de origem e construíram uma casa pequena com o dinheiro do trabalho, tudo feito com as próprias mãos e a ajuda de familiares e amigos.

Aprendiam trabalhos como assentamento de tijolos e carpintaria. Com projetos autodidatas, acabaram construindo, desse modo, a casa de muitos familiares que se uniam num fraterno mutirão. Não existia a internet para facilitar as coisas, mas a necessidade e a precária condição financeira fizeram a família buscar as soluções para os problemas que encontravam pela frente.

Construíam tudo com alegria e boa-vontade, buscavam a própria realização e a dos outros também. A cada casa construída, encerravam com uma comemoração. Essas celebrações se mantiveram por muitos anos por ocasião dos aniversários ou pela reunião de amigos, festejando com gaita e cantoria na porta de casa, o que já nem era mais surpresa, pois virou costume. Adultos e crianças viviam toda aquela alegria e, sem perceber, estavam passando o ensinamento para as próximas gerações, que participavam desses momentos como se fossem felizes brincadeiras.

O tempo foi passando, as condições melhorando, a casa aumentando. Tiveram outra filha. Ana conseguiu trabalho em uma empresa e partiu para o seu primeiro emprego. Como toda mudança, o período que marcou o início do trabalho das mulheres em empresas não foi nada tranquilo ou simples. Várias vezes, Ana chegava a casa chorando. Relatava exigências descabidas e humilhações a que era sujeitada. Além disso, precisava deixar suas filhas aos cuidados dos outros; pois, naquela época, não existiam creches.

Ao colocar tudo isso na balança, optou por voltar a ser dona de casa e, sempre muito econômica, participou de vários cursos proporcionados pela empresa que empregava Euclides, como culinária, tapeçaria e tricô. Isso a permitiu empreender, principalmente com o tricô. Passou a confeccionar casacos e roupas de adultos e bebês para vender. Ana percebeu ainda que tinha facilidade para a costura, habilidade que aprendeu com sua mãe. Por isso, fazia todas as roupas de suas filhas, que estavam sempre bem arrumadas, sem muitos gastos.

Conseguiram adquirir carro e televisão (preto e branco). Somente tempo depois do advento da televisão em cores, teriam uma em casa. Com o carro, foi possível realizar o sonho das viagens e passeios. Durante as férias de

Euclides, as viagens ocorriam sempre para a cidade natal deles. Passavam todo o tempo visitando os parentes, além do encontro da criançada, que brincava entre os primos, aprontava todas, subia em árvores, inventava teatros e tantas outras.

Euclides e Ana ainda tiveram mais um filho e uma filha; porém, os tempos eram outros. Euclides foi para o ramo do comércio, como empregado, de início, e em seguida, optou pela carreira empresarial. A princípio, prosperou, teve empregados, ganhou dinheiro, mas algo se perdeu: sonhar juntos. Aqui, um aprendizado:

É importante termos sonhos individuais, mas, quando somos uma família, sonhar em conjunto une, inspira, faz lutar pelo mesmo objetivo e seguir na mesma direção. Quando, mesmo juntos, os interesses são somente individuais, as coisas materiais construídas com tanto sacrifício se perdem e até mesmo a família pode se desfazer.

Euclides e Ana não foram uma exceção à regra. A alegria e a união se foram, os desentendimentos se instalaram e a separação foi a saída para preservar, ao menos, os bens materiais e o respeito entre ambos.

Os nomes são fictícios, assim como todos os nomes que utilizarei, mas as histórias são reais. Euclides e Ana são personagens da história de minha família, que resolvi contar, pois a vejo se repetir entre tantas outras famílias que conheci. Muitas dessas histórias tiveram semelhante desfecho.

O hábito de sonhar em conjunto poderia ter levado Euclides e Ana unidos até o final de suas vidas, prosperando como empreendedores, assim como muitos casais que conheço. Para mim, isso tem tudo a ver com o tema deste livro. Na minha carreira, vi e ouvi muitas histórias com finais felizes e infelizes, acompanhei diversas pessoas que buscavam a saída da forma errada, vivendo num vicioso ciclo de endividamento contínuo, buscando um empréstimo atrás do outro, porque focavam no sintoma e não na cura. Contemplei várias famílias se desfazendo por problemas financeiros, e outras tantas que conseguiram sonhar juntas o caminho da prosperidade.

Eu precisava descobrir mais e precisava falar para as pessoas sobre isso. Queria ajudá-las a organizar a vida financeira. Comecei a realizar palestras sobre finanças pessoais, orçamento familiar, enfim, estratégias de controle para que o dinheiro do mês fosse suficiente e atendesse às necessidades. Ainda assim, algo ainda me intrigava. Observei que as necessidades simplesmente atendidas não asseguravam melhorias de vida. Observando as pessoas, percebi que prosperar não tinha relação direta com ganhar mais. Isso me fez ir atrás de respostas. Tudo o que fosse relacionado ao assunto me interessava, apesar de não encontrar muita coisa.

Normalmente, os conteúdos que encontrava se resumiam a planilhas orçamentárias. Quando encontrei a **Metodologia DSOP** – Diagnosticar, Sonhar, Orçar e Poupar –, imediatamente conheci e me apaixonei pela verdadeira educação financeira, focada na mudança comportamental. Observei que a metodologia poderia ter ajudado o casal Euclides e Ana a continuar progredindo sem perder a base do relacionamento, os sonhos em conjunto. Isso se aplica também a qualquer pessoa, casal, família ou empresa, pois a clareza dos sonhos e objetivos nos motivam e nos movem para alcançá-los.

Conheço Bia da época de bebê. Casada e mãe de dois filhos, desde o seu primeiro emprego, considero-a um exemplo de pessoa que progrediu e prosperou sozinha com o trabalho. Recebendo salário mínimo, Bia sempre reservou uma parte dele para comprar seu carro. Tinha o sonho de morar nos Estados Unidos por um ano e aprender inglês. Reservou mais dinheiro, vendeu o carro, comprou a viagem e trabalhou para se manter até o retorno. Conheceu lugares e culturas, reservou ainda mais dinheiro, retornou ao Brasil e, com essas reservas, pagou parte de seu apartamento. Bia aproveitou a juventude, enquanto ainda não tinha uma estrutura familiar, para se desenvolver e realizar seus sonhos. Com o uso da língua inglesa que fora aprender nos Estados Unidos, conseguiu um excelente trabalho no Brasil, onde conheceu seu marido e constituiu família.

Quando estudei a **Metodologia DSOP**, o exemplo de Bia me veio claramente como um modelo de realizações movidas pelo pilar Sonhar. Entendi como o sonho muda o comportamento de quem tem foco e, assim, direciona todos os esforços para que o objetivo realmente se realize.

Nas sessões de terapia financeira, com casais e famílias, meu marido e eu, que também é educador e terapeuta financeiro, deparamo-nos com algumas outras histórias que contarei porque são realidades que podem ajudar você.

A primeira delas é a de Jair e Vitória. Ele, aposentado; ela, próxima à sua aposentadoria pela previdência social. O que nos chamou a atenção nessa história é que o casal sempre poupou, tinha dinheiro guardado para viver dez anos sem trabalhar. Vale ressaltar que os dois trabalharam em cargos de base. Mesmo ganhando bem, por mérito e tempo de experiência, não estavam em posições de topo na estrutura salarial, e considero importante trazer isso à tona, porque muitos pensam que a independência financeira só é possível para as pessoas que ganham rios de dinheiro, o que não é verdade. No pilar Poupar, Jair e Vitória podem, inclusive, nos ensinar como fazer.

Viveram em função de trabalhar, pagar as contas, criar e dar estudo aos seus dois filhos, além de reservar dinheiro. O que eles descobriram com a educação financeira, com base no diagnóstico, na definição dos sonhos e na realização do orçamento que desenvolvemos juntos, é que conseguiriam poupar, reservar mais dinheiro e ainda "viver a vida", sendo este o principal aprendizado do casal.

Com base na educação financeira, passaram a viajar constantemente a lugares que sonhavam conhecer. Experimentaram algo como viajar em um cruzeiro, antes considerado por eles um desejo impossível. Essa história nos confirmou, como terapeutas financeiros, que educação financeira é para todos e está diretamente ligada ao comportamento que temos em relação ao dinheiro e não ao dinheiro em si. Esse é um típico caso de pessoas que edificaram muito bem a independência financeira, mais por acreditar na importância de se guardar dinheiro, do que uma forma planejada, uma vez que esse dinheiro guardado nunca tivera um nome, um destino, um sonho.

Sem isso, a vida passa e não aproveitamos o que é belo e motivador durante a caminhada, que é usufruir e conquistar os frutos do nosso trabalho, em vez de viver com o único propósito de trabalhar. Somente com a educação financeira podemos, por meio do pilar Diagnosticar, entender e começar a viver com um padrão de vida menor do que podemos, planejando no pilar Orçar e, finalmente, levando a sério o pilar Poupar, encontrar a realização do pilar Sonhar.

Com desfechos diferentes, as histórias vividas por Euclides e Ana ou Jair e Vitória fazem parte das vivências que me propus a trazer para este livro. Ou seja, o relato de trabalhadores empregados por empresas, que batalham no dia a dia para construir a vida com seus salários, com a insegurança de estar empregado hoje e demitido a qualquer momento. Euclides sai da situação de empregado e passa a administrar o seu próprio negócio, porém, diferentemente de Ana, que tem os pés no chão, não gasta mais do que tem e se programa para poupar antes e comprar depois. Euclides sonha e arrisca, mas também é desorganizado, não planeja e nem é ligado a controles e processos administrativos essenciais para manter um negócio. Com isso, as consequências da má administração da empresa começam a repercutir na vida familiar, o que desencadeia o rompimento de uma vida de crescimento e progresso que tinham quando ele era empregado. Isso derruba outro equívoco que muitos têm, o de que prospera somente quem é dono de empresa.

As histórias a seguir fazem parte de outra vivência que tive com terapia financeira, protagonizada por casais que têm negócio próprio juntos, ou seja, são sócios na vida, no amor e nos negócios.

Pedro e Renata formavam um jovem casal e administravam uma empresa em fase inicial. Marcos e Lúcia era um casal mais experiente, com duas filhas, uma delas já na faculdade e outra ainda na primeira fase do ensino fundamental, que dirigia uma empresa bem estruturada e que contava com diversos clientes.

Apresento essas duas histórias em paralelo porque são muito parecidas e agregadoras. No entanto, em contextos que se diferenciam pela estrutura de vida e pelas cargas emocionais. Tanto numa história quanto na outra, os casais não separavam finanças pessoais das empresariais. Pagavam contas particulares com a conta corrente da empresa e vice-versa.

Ambos identificaram que as suas empresas não iam bem. Durante o processo de terapia, foram aprendendo a separar as contas para identificar "quem" não ia bem: a empresa ou a vida particular do casal, o que poderia estar interferindo na análise do negócio.

Os dois casais aprenderam muito e, a partir daí, souberam a importância de definir um padrão de vida abaixo do que ganham para poder poupar e, também, de firmar um valor de pró-labore ("salário" dos sócios) adequado para fazer frente ao novo padrão de vida, sem misturar as contas ou prejudicar os resultados da empresa.

Aliás, como sócios da empresa, eles têm a responsabilidade e o dever de buscar a sustentabilidade dela, preservando-a em bom estado financeiro, e isso vale para suas vidas também, trazendo sempre os sonhos em primeiro lugar e preservando o que poupam para esse fim. Então, o que há de diferente nessas duas histórias? Como terapeuta, percebi que Pedro e Renata absorviam o conhecimento e já o colocavam em prática, tanto nos negócios como na vida. Observei que, para eles, aprender era mais fácil porque estavam no início da vida a dois e do próprio negócio, além de não terem filhos e não vivenciarem crises ou observarem a entrada de muito dinheiro na empresa. Com isso, conseguiram sair de uma situação de endividados para se transformarem em poupadores, planejando férias e eliminando dívidas, conforme o calendário estruturado, até verem a empresa prosperar. Isso nos faculta outro aprendizado:

Vale lembrar que não será no primeiro mês e, talvez, nem mesmo no primeiro ou segundo ano que a situação financeira vai se reverter. Ainda assim, é importante ter a disciplina de definir, planejar, acompanhar e realizar os sonhos periodicamente. Tão logo realize um deles, já deve ter outro para colocar no lugar, o que também deve ser para os objetivos empresariais. Em suma, deve-se colocar junto com o sonho de sair das dívidas, os outros também. Porque são eles os agentes motivadores no envolvimento familiar, visto que, somente focar nas dívidas, é muito provável que esta ação não tenha sustentabilidade ou incentivo necessários para reduzir os gastos junto aos membros familiares. E com isso construir hábitos financeiramente saudáveis.

Quanto a Marcos e Lúcia, o depoimento que recebi deles foi no sentido de que nunca aprenderam tanto em dois meses de terapia. Entenderam a necessidade de separar o que é particular do que é da empresa e vice-versa. No caso deles, havia uma certa dificuldade (ou resistência) para mudar, porque já existia uma estrutura e uma forma de viver instaladas há mais tempo, que exigiria mudança de hábitos, conscientização do casal e da família como um todo. Enfim, uma estrutura mais pesada para colocar em prática imediatamente.

A despeito disso e com o aprendizado obtido, o casal enfim se propôs a executar e reverter a situação em que se encontravam, visando ao bem-estar da família e à prosperidade da empresa que administravam.

Começar a educação financeira desde a infância faz com que a aplicação do conhecimento gere comportamentos conscientes. Do mesmo jeito, casais jovens não precisam administrar um passado financeiro conturbado e ainda não têm hábitos enraizados para lidar com o dinheiro, o que lhes permite obter resultados num espaço de tempo mais curto. Concluindo, quanto mais cedo o assunto estiver presente na vida, mais rápida será a colheita dos resultados.

Com o poderoso recurso da educação financeira, a vida de qualquer pessoa muda já no primeiro momento, pois em vez de lamentar pelo que foi feito de errado ou não foi feito, a matéria se concentra nos hábitos atuais em relação ao que se pode fazer a partir de agora, hoje, imediatamente.

O que realmente faz diferença entre a colheita mais ou menos farta é a atitude de cada um e, conforme vivenciamos experiências com outras pessoas em nossa trajetória de educadores e terapeutas financeiros, isso fica cada vez mais claro para meu marido e para mim.

Trabalhadores não precisam ser pobres e a educação financeira surgiu para ensiná-los a prosperar desde o seu primeiro ganho, em qualquer segmento ou cargo; seja indústria, comércio, serviço ou agricultura, empregado ou dono de empresa.

Aliás, por falar em agricultura, por ocasião das minhas férias, meu tio, aos 77 anos, contava como conseguiu dar entrada em seu primeiro terreno, como agricultor, depois que encontrou uma galinha perdida no meio do mato, que resultou num ótimo legado patrimonial.

É claro que se passaram alguns anos até isso acontecer. Mas o que vale são as decisões que ele tomou em cada momento de vida, como cuidou do que conquistou, guardando e potencializando seus ganhos em cada etapa.

O que mais me marcou na história do tio é o valor que ele considera para cada passo que deu e a alegria que tem pelas conquistas surgidas a partir de suas decisões.

Isso me faz pensar sobre como é bom olhar para trás e nos orgulhar do caminho trilhado, das conquistas advindas das decisões que tomamos. Porém, o momento de realizar é aqui e agora.

Faz-se um presente diferente para que, no futuro, olhe-se para trás e se constate a trilha que dá orgulho. Ou não haverá uma digna trilha a ser vista.

Sem um tempo bem estudado e determinado para acontecer, o sonho, livre e solto, sem um plano para a realização, será simplesmente um sonho frustrado ou deixado para amanhã. Então, convido você a começar a trilha da educação financeira a partir deste momento.

Aproveite o que enfrentou como aprendizado e, mesmo que não tenha sido assim tão bom, não passe a vida trabalhando em vão. Inspire-se nos personagens que ajudamos e decida não ser pobre de pensamentos e ações, pois não há pobreza maior. Quando estiver difícil entender a dinâmica da independência em relação ao dinheiro e ao futuro, chame educadores e terapeutas financeiros, pois a nossa missão é ver a sua vida e o seu trabalho se converterem em sonhos realizados.

"A VIDA É UM CONSÓRCIO DE SONHOS. PERMITA-SE A CONTEMPLAÇÃO!"

BRUNO CHACON

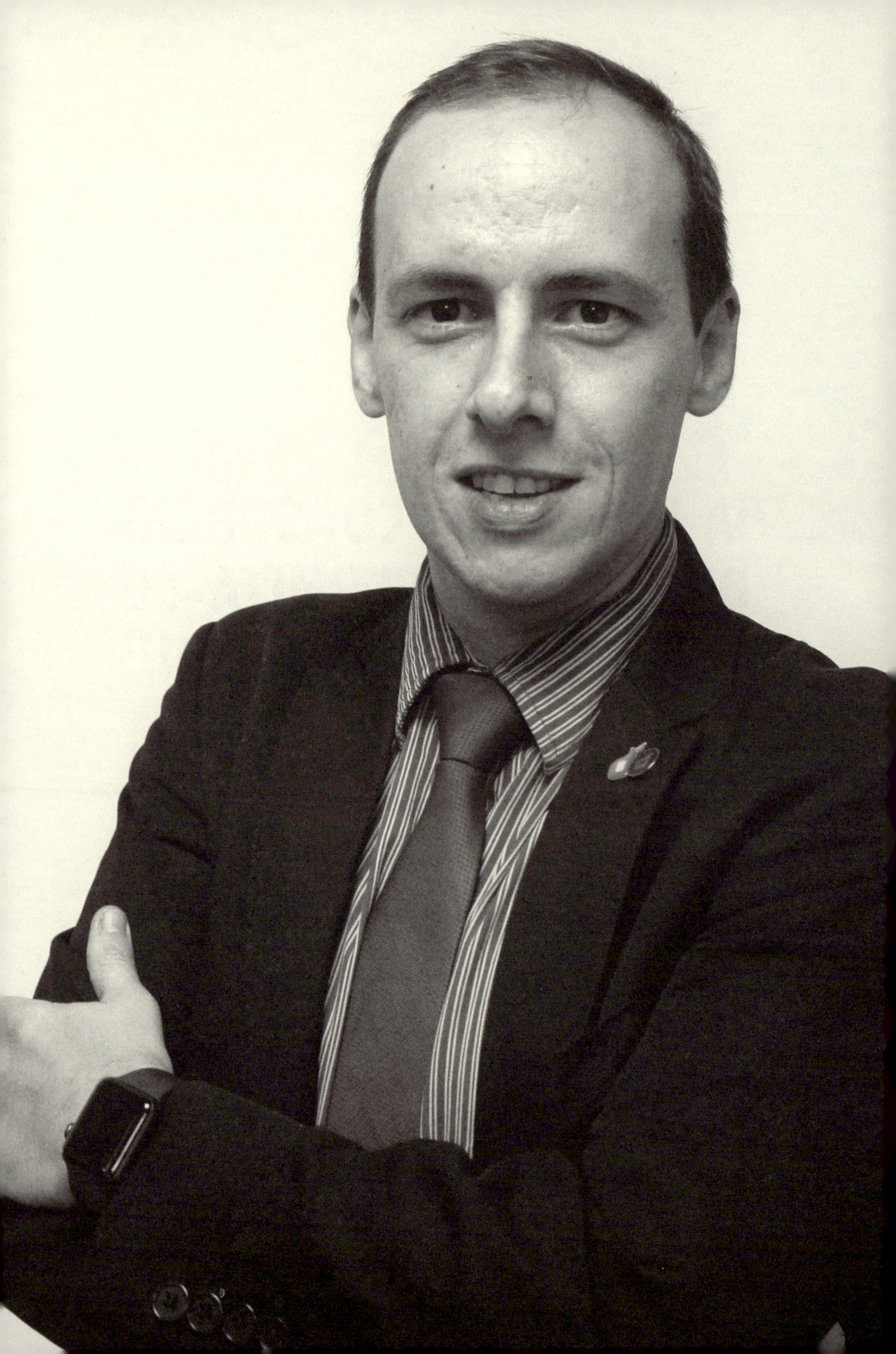

BRUNO CHACON

Sou graduado em Gestão Financeira e tenho *MBA* em *Banking* — gestão de negócios financeiros pela Fundação Santo André. Em 2014, defendi um artigo sobre opções de compra de ações na *World Finance Conference*, em Veneza, na Itália. Iniciei minha carreira profissional ao fazer Senai Mercedes--Benz, onde trabalhei como operador de máquinas na montadora alemã por doze anos.

Hoje sou supervisor de vendas na Unifisa, Administradora Nacional de Consórcios, especialista em marketing digital e conselheiro fiscal da Associação Brasileira de Educadores Financeiros (Abefin).

Educador e terapeuta financeiro pela DSOP, venho auxiliando centenas de famílias a se educarem financeiramente por meio de cursos, terapias financeiras, entrevistas em rádios e em TV, artigos na mídia e palestras por todo país. Tenho também um canal no YouTube, o "Chá com Money", espaço em que ofereço orientações sobre educação financeira, investimentos e empreendedorismo.

O CONSÓRCIO DOS SONHOS

Na própria pele, vivenciei e conheci, em emotivos detalhes, o que diz o título deste livro *Trabalhadores não precisam ser pobres*. Por doze anos, trabalhei numa grande montadora. Quando os dias 5 e 20 de cada mês se anunciavam, datas de pagamento, o banco e o caixa eletrônico ficavam lotados de pessoas que pagavam suas contas e pegavam mais dinheiro emprestado. Aquilo não fazia sentido para mim, parecia uma tentativa de enxugar gelo. O tempo, sempre sábio, me mostrou o que faltava e, em certa medida, ainda falta em nosso país: educação financeira.

Sei que a rotina do dia a dia nos deixa cegos frente a grandes oportunidades. Sei também que o conforto da estabilidade aprisiona nossa mente, que fica impedida de voar e querer cada vez mais. Por outro lado, há uma frase que gosto de mencionar a respeito do sucesso financeiro ou melhor, da independência financeira.

> *"Quem muito trabalha, não tem tempo de ganhar dinheiro."*

Muitas vezes, investimos de oito a doze horas diárias no auxílio ao crescimento da empresa onde trabalhamos. É tanto tempo que, nas poucas horas restantes, queremos apenas descansar e ficar com a família, de modo que o auxílio à própria conta bancária é esquecido, menosprezado.

Não é proposital. Isso acontece por falta de educação financeira. Muita gente já pensou que se ganhasse mais as dívidas acabariam. Na prática acontece o inverso, sem educação financeira, o aumento dos ganhos resulta em aumento dos gastos e do endividamento.

Antes de oferecer soluções que afastam a pobreza, vou narrar um pouco da minha origem, de uma pessoa comum que se dedicou a entender o universo das finanças.

Sempre fui sonhador. Desde cedo, quis abrir empresas, franquias, empreender, investir, ou seja, ser independente nas finanças, sem saber o que era isso. Era tão sonhador que meu pai conferiu o familiar apelido de Bobby, referência ao desenho animado O fantástico mundo de Bobby. Uma hora eu queria ser dono de empresa, outra, planejava investir na bolsa de valores, abrir uma franquia, ser piloto de corrida. No entanto, não tinha nascido pronto para empreender. Precisei enfrentar e quebrar a muralha que barrava qualquer sonho meu.

É natural que uma família de metalúrgicos crie raízes profissionais. Meu pai trabalhou mais de quarenta anos na Mercedes-Benz e, por isso, a cultura de nossa família consistia em um bom emprego numa grande empresa, com estabilidade que permitisse viver bem financeiramente, sem grandes saltos.

Aos 16, honrando a cultura familiar, entrei no Senai Mercedes-Benz. Estudei por dois anos e, de lá, fui trabalhar na montadora, usinando peças para ônibus e caminhões. Totalizei doze anos nessa empresa. Durante esse período, apaixonei-me pelas finanças ao ler os livros *Pai rico, pai pobre*, *Casais inteligentes enriquecem juntos* e *Terapia financeira*. Foi quando abri a mente para investimentos.

Comecei operando na bolsa de valores com cem reais. Comprava e vendia ações sem fazer qualquer estudo sobre as empresas, nem fundamentalistas, tampouco análise gráfica, aliás nem sabia o que era isso. Via a bolsa caindo, comprava. Via subindo, vendia.

Com o tempo e o amadurecimento da educação financeira, entendi que a bolsa vai muito além de comprar na baixa e vender na alta. Existem formas de analisar as tendências das ações, análises gráficas e fundamentalistas. Na análise gráfica, podemos conferir o histórico da ação, traçar um gráfico, avaliar suportes e resistências, interpretando as tendências de alta ou baixa sob o ponto de vista emocional.

O racional mesmo fica para a análise fundamentalista, em que aferimos o balanço patrimonial, visualizamos as receitas, os ativos e passivos, o que permite projetar o valor da empresa e comparar com o valor que ela apresenta em bolsa de valores, analisando assim o seu verdadeiro potencial.

Em 2007, um ano após ter iniciado no mundo das finanças, os meus ganhos totalizavam, para a época, o valor de uns três carros populares. Porém, em 2008, veio a crise norte-americana, e perdi tudo em apenas duas semanas. Foi nesse momento que larguei o que estudava para me dedicar às finanças.

Entre 2008 e 2014, estudei o máximo que pude, para recuperar o que havia perdido. Em 2014, com tudo recuperado, fiz uma monografia para o meu MBA em Banking com o tema "Um estudo do modelo de opções e seus efeitos no risco sistemático numa carteira de ações", com o objetivo de minimizar o risco na bolsa de valores. O artigo foi tão bem aceito, que fui convidado à apresentá-lo na *World Finance Conference*, em Veneza, na Itália, representando a faculdade Fundação Santo André.

Depois disso, conheci a **Metodologia DSOP**, do PhD Reinaldo Domingos, que possui quatro pilares: Diagnosticar, Sonhar, Orçar e Poupar. Essa metodologia mudou o meu comportamento e os hábitos em relação ao dinheiro. Passei a ter sonhos, fazer investimentos mais "pé no chão" e focados nos meus objetivos. Ao mesmo tempo, comecei a auxiliar os amigos em suas finanças.

Nos últimos anos que estive na Mercedes-Benz, comecei a ser procurado por pessoas dentro da fábrica para receber orientações sobre investimentos e instruções para sair das dívidas, meus primeiros passos rumo ao empreendedorismo.

Já vi pessoas que recebiam remuneração de 30, 40, 50 mil reais mensais que deviam 60, 70, 80 mil reais ao mercado. Por outro lado, conheci pessoas cujos salários giravam em torno de 1 a 2 mil reais com caderneta de poupança e investimentos, e que ainda conseguiam aconselhar e auxiliar pessoas que tinham salários maiores.

> *"Não é o tamanho da renda que importa. O que se faz dela dirá se a pessoa será rica e realizará todos os sonhos.*

A maior influência da independência financeira não depende de quanto se tem, nem de como ou quanto rendem esses recursos. O padrão de vida é o grande influenciador. Quanto mais cedo se descobre isso, mais rápido é o alcance da autonomia nas finanças.

Por exemplo, se descobrir que tem um padrão de vida de 2 mil reais mensais, deverá ter um montante X que renda o dobro do seu padrão de vida, ou seja, 4 mil reais mensais de rendimentos sobre a reserva. Além disso, afirmo que a independência financeira é relativa, pois o padrão de vida se altera de acordo com as circunstâncias, o desejo e as escolhas.

Muitos já devem ter alcançado a independência financeira, mas não sabem, pois estão "cegos" pela correria do dia a dia. Às vezes, você tem um padrão de vida de 2 mil reais, mas gasta 800 reais com transporte, por exemplo. Se deixasse de trabalhar, não teria esse custo e precisaria calcular a independência financeira sobre o novo padrão de vida, ou seja, 1.200,00 reais. Parece chocante, vou explicar...

O que quero dizer é que, no dia a dia, temos um padrão de vida elevado. Como estamos trabalhando, frequentamos restaurantes mais caros, gastamos mais com veículo, roupa, estética, logística e assim por diante. Se não precisássemos trabalhar, poderíamos gastar bem menos. A isso dou o nome de "independência financeira invisível". É quando você já pode ser independente financeiro, mas não sabe, não visualiza ou não quer reajustar o padrão de vida.

Não estou sugerindo que deixe de trabalhar, mas que comece a pensar sobre o assunto, o que é bem diferente.

Existem várias orientações que transfiro aos meus clientes numa terapia financeira. Por exemplo, quem tem um imóvel quitado, se vendê-lo e aplicar o valor, poderia ter o suficiente para morar de aluguel e ainda ter uma renda.

Em outra hipótese, se vender o imóvel, pode fazer um consórcio e usar de 30 a 50% para contemplar a carta, comprar o imóvel e aplicar o restante. O rendimento paga o consórcio e ainda pode haver uma renda da eventual sobra. Dependendo do caso, poderá contemplar duas ou três cartas, comprar dois ou três imóveis e deixar tudo alugado. Ou seja, abrir a mente para multiplicar o patrimônio.

Um grande exemplo de independência financeira invisível é a vida da minha esposa e a minha. Estávamos cegos no dia a dia, até que conseguimos olhar de fora e projetar a independência financeira para os 38 anos de idade. A primeira atitude foi vender nosso carro, que gerava um gasto mensal de aproximadamente 800 reais entre seguro, IPVA, combustível e manutenção. Aplicamos o recurso e passei a visitar clientes com uma moto que não gasta nem 100 reais mensais. Quando precisamos de carro, alugamos por um dia ou usamos aplicativos de carona.

Bobby não pararia a fantástica reforma de ações por aí. Quase 100% dos trabalhadores pensam em trabalhar numa grande empresa como eu trabalhava. No ano de 2014, em plena crise financeira que atingiu em cheio as montadoras, passei seis meses analisando o mercado financeiro. Todas as montadoras colocavam funcionários em *lay-off*, licença remunerada, e até mesmo demitiam. Eu estava no meio do caos como operador de máquinas. Ao analisar, percebi que a crise se dava mais pela falta de crédito no mercado e pela falta de confiança em novos investimentos. Foi aí que o meu radar detectou um produto financeiro que subia mais de 20%, o consórcio.

Com juros altos e crédito não liberado pelas instituições financeiras, o consórcio cresceu muito nesses anos de crise. Não pensei duas vezes. Peguei o pacote de demissão voluntária na Mercedes-Benz para juntar a educação financeira com o consórcio, uma modalidade de crédito sem juros que força as pessoas a comprarem um bem com planejamento financeiro. Entendeu agora por que mencionei que não trabalhar da maneira convencional pode ser uma ótima alternativa a quem busca a independência financeira?

Adivinhe: será que fui criticado pela maioria?

Com toda certeza recebi críticas. Mas fui com tudo. Sabia do potencial do mercado, e deu muito certo. Passados alguns anos, enquanto escrevo esse texto, ajudo pessoas do país todo a comprar moto, carro, imóvel e até mesmo a planejar a independência financeira por meio de consórcio.

Inclusive, desenvolvi estudos para demonstrar que o consórcio pode ser a melhor forma de se comprar um bem, até mesmo se comparado com a compra à vista. Num desses estudos, mostro que o consórcio, em determinado momento, pode se transformar em um dos melhores investimentos de todos. Detalho os estudos em vídeos no YouTube, canal "Chá com Money", mas vou compartilhar com você um resumo estratégico.

No primeiro estudo, aponto o consórcio como a melhor forma de comprar um bem e utilizo as quatro formas de se adquirir um imóvel:

- Financiamento imobiliário
- Imóvel na planta
- Consórcio imobiliário
- À vista

Ao avaliar o financiamento e o consórcio, percebemos que não tem nem comparação. São mais de 240 mil reais de diferença.

Financiamento Imobiliário x Consórcio Imobiliário	
Valor = 200.000,00	
FINANCIAMENTO	**CONSÓRCIO**
Prazo: 360 meses	Prazo: 180 meses
Valor 1º parcela: 2.255,56 Valor última parcela: 560,28 Valor médio parcela: 1.407,92	Valor parcela: 1.430,00
Valor total: 506.851,20	Valor total: 261.400,00

Quanto ao imóvel na planta, o problema está no fluxo de obra e no saldo devedor. Enquanto constrói, o que geralmente leva quase três anos, o comprador precisa pagar o fluxo de obra, em média 30% do imóvel. Nesse caso, ele poderia investir o valor por três anos em produtos financeiros ou no consórcio. E depois de pronto, vem um dos maiores problemas, o saldo devedor, que em condições normais, chega a 70% do valor do imóvel.

Como pagar esses 70%? As opções variam: à vista, via financiamento imobiliário ou carta de crédito. Resumindo, o comprador cairá numa das outras formas de comprar um imóvel. Ou seja, o imóvel na planta pode se tornar um pesadelo. A maioria, nesse ponto, acaba caindo no financiamento imobiliário, pagando juros por 30 anos (se o financiamento for aprovado).

Durante os três anos da construção, muita coisa pode acontecer. Entre 2014 e 2018, vários brasileiros não conseguiram aprovar seus financiamentos imobiliários na entrega das chaves e acabaram fazendo o distrato de seus imóveis, perdendo parte do valor investido no bem, em parceria com a construtora.

Comparo o consórcio com a compra à vista. Muitos dizem que comprar um bem à vista, seja carro ou imóvel, é a melhor forma. Realmente é bom, pois você não paga juros, não deve a ninguém e ainda pode barganhar um desconto. Mas será que é mesmo a melhor opção?

Barganhar descontos também se faz possível com a carta de crédito, como se estivesse comprando à vista. Vamos ao comparativo financeiro. Digamos que tenha em mãos 200 mil reais para comprar um imóvel à vista. Ao fazê-lo, terá o imóvel, porém ficará descapitalizado.

Imagine colocar esse valor para rendimento e fazer um consórcio com o mesmo valor. O rendimento poderá ajudar a pagar o consórcio. De outra forma, se estiver com pressa para comprar o imóvel, poderá usar parte do dinheiro para ofertar um lance e comprá-lo por meio da carta de crédito, como mostra a seguir.

À vista x Consórcio

200.000,00 Recurso próprio ▶▶ Consórcio 200.000,00 ▶▶ Lance 100.000,00 ▶▶ Parcela de 1.430,00 cai para 880,00

Investimento 100.000,00

▶▶ Poupança 350,00 de rendimento

▶▶ Tesouro Direto/LCI/LCA/Renda Variável 1.000,00 de rendimento

Patrimônio inicial 200.000,00

Patrimônio final 300.000,00

Você tem 200 mil reais e investe o valor. Em seguida, faz um consórcio no mesmo valor. Digamos que tenha ofertado um lance de 100 mil reais, contemplado a carta e comprado o imóvel. A parcela do consórcio é de 1.430 reais mensais. Após a contemplação com o lance citado, a parcela cairá para cerca de 880 reais.

Como resultado, você tem o imóvel de 200 mil reais comprado pelo consórcio e mais 100 mil reais reservados, que poderão ser aplicados na poupança, rendendo cerca de 350 reais mensais, que pode ajudar a pagar a parcela. Ou, aplicando esse montante numa renda fixa ou variável, poderá render até mil reais mensais, pagando a parcela e ainda com uma sobra de 120 reais.

Dessa forma, poderá dizer que comprou um imóvel de 200 mil reais e recebe estratégicos 120 reais todo mês. E o melhor de tudo, o patrimônio, antes de 200 mil reais, "da noite para o dia" mudou para 300 mil reais, pois terá um imóvel de 200 mil e 100 mil rendendo.

No segundo estudo que desenvolvi, mostro que o consórcio, em determinado momento, pode se transformar no melhor de todos os investimentos.

Quando você faz um consórcio, a linha do tempo é determinante. A cada parcela paga, você é um poupador que deixa de gastar com algo supérfluo para investir no consórcio. Uma vez contemplado, seja por sorteio ou lance, terá duas alternativas, a primeira é comprar um bem com o consórcio. Mas, se contemplar o consórcio e não usar para uma compra imediatista, terá um dos melhores investimentos em mãos, pois o valor total de sua carta de crédito vai para um fundo de investimento, onde há de render mensalmente.

Confirmo tanto essa teoria que comparei o consórcio com outros tipos de investimento que demandam aporte mensal, seja previdência, tesouro direto ou até mesmo a renda variável, como bolsa de valores.

Investimento Geral x Consórcio	
Simulação de Contemplação no 10º mês	
Valor investido mensal 1.000,00 x 10 meses de investimento	Valor investido mensal 1.000,00 x 10 meses de investimento
Valor total investido 10.000,00 + rendimento (aprox. 1% a.m)	Valor total investido 10.000,00 ⬇ Total investido 140.000,00 (valor da carta de crédito)
Total investido 10.462,00	

Comparo o consórcio com outros tipos de investimento de aporte mensal e simulo uma pessoa sendo contemplada no 10º mês, com ambas investindo mil reais.

No investimento, em geral, apliquei até um rendimento agressivo de 1% ao mês, com ambas investindo por 10 meses, pois a do consórcio foi contemplada no 10º mês. Nesse caso, as duas aplicaram um total de 10 mil reais. A pessoa que fez "investimento em geral", com rendimento de 1% ao mês, terá um total de 10.462,21 reais e a pessoa que investiu em consórcio, contemplada no 10º mês, que não usou a carta para comprar um bem, terá uma carta de 140 mil reais, rendendo mensalmente para comprar a qualquer momento um imóvel ou pode deixar render, num fundo de investimento, até o final do plano, resgatando tudo em espécie. Nesse caso, seria aproximadamente 542 mil reais se o fundo de investimento render cerca de 0,8% mensal.

Em resumo, quando aplicamos nosso recurso nos investimentos, temos rendimento sobre o que aplicamos. Mas, pelo consórcio, temos rendimento sobre o que ainda não foi acumulado, que seria o valor total da carta. Com uma verdade tão profunda desvendada, larguei tudo para trabalhar especificamente com esse recurso.

Para finalizar, apresento um dos maiores segredos das pessoas financeiramente sustentáveis: ter novas fontes de renda. Isso faz com que você realize mais sonhos e alcance a independência financeira mais cedo. Pensando nisso, o meu objetivo é ter uma nova fonte de renda a mais por ano.

Vou compartilhar minhas fontes de renda, pois sei que não é fácil visualizar o novo quando estamos "presos" ao velho dia a dia. Com a educação financeira, pude deixar as finanças mais tranquilas, abrir a mente para as novas fontes de rendas que você também merece conhecer.

Hoje, a renda familiar é composta da seguinte forma:

Eu vendo consórcios e sou terapeuta financeiro, enquanto minha esposa Ana Paula é engenheira. Além disso, vendemos on-line produtos da Natura e, em 2018, minha esposa se destacou entre as 120 maiores vendedoras on-line da marca no país. Ainda assumo um projeto de marketing digital e tenho papéis na bolsa de valores.

Cabe ressaltar que a venda de consórcios e a engenharia são trabalhos executados sob o regime CLT, que demandam nosso tempo. Nossa ideia é ter uma nova fonte de renda a mais a cada ano, que não demande tanto tempo.

Como conseguir isso?

A receita surgiu diante dos nossos olhos e, agora, surge diante dos seus: pensando fora da caixinha.

Eu poderia descrever páginas e mais páginas sobre como aumentar a renda. Mais importante que isso é ter educação financeira, senão ganhará e gastará ainda mais, até ser escravo do dinheiro para sempre, o que não é nada saudável.

E por que alcançar a independência financeira? Para deixar de trabalhar?

Nada disso!

Acha mesmo que deixarei de trabalhar aos 38 anos? Pelo contrário, continuarei a trabalhar, mas por prazer e não por necessidade.

Ao alcançar a total independência financeira (já alcancei parcialmente), poderei trabalhar com o que me dá prazer, sem me preocupar em pagar as contas, porque os rendimentos farão isso por mim.

Trabalhar faz bem. Fazemos o mundo evoluir e mantemos a mente desperta. Aliás, o trabalho tem poder suficiente até mesmo para influenciar a nossa longevidade. Um lembrete deve estar no coração e na sua mente: trabalhadores não precisam ser pobres e podem ter muitos sonhos que merecem conquistar. Com a educação financeira, o planejamento e a mente aberta, quem poderia duvidar de uma conquista tão nobre?

A vida é um consórcio de sonhos. Permita-se a contemplação!

Vejo você pelos consórcios da vida, pelas rotas da independência financeira ou, quem sabe, pelas ruas da felicidade, caminho único de quem sabe **D**iagnosticar despesas, **S**onhar grande, **O**rçar o tamanho dos sonhos e **P**oupar com estratégia até alcançá-lo... Pilares pertencentes à **Metodologia DSOP**.

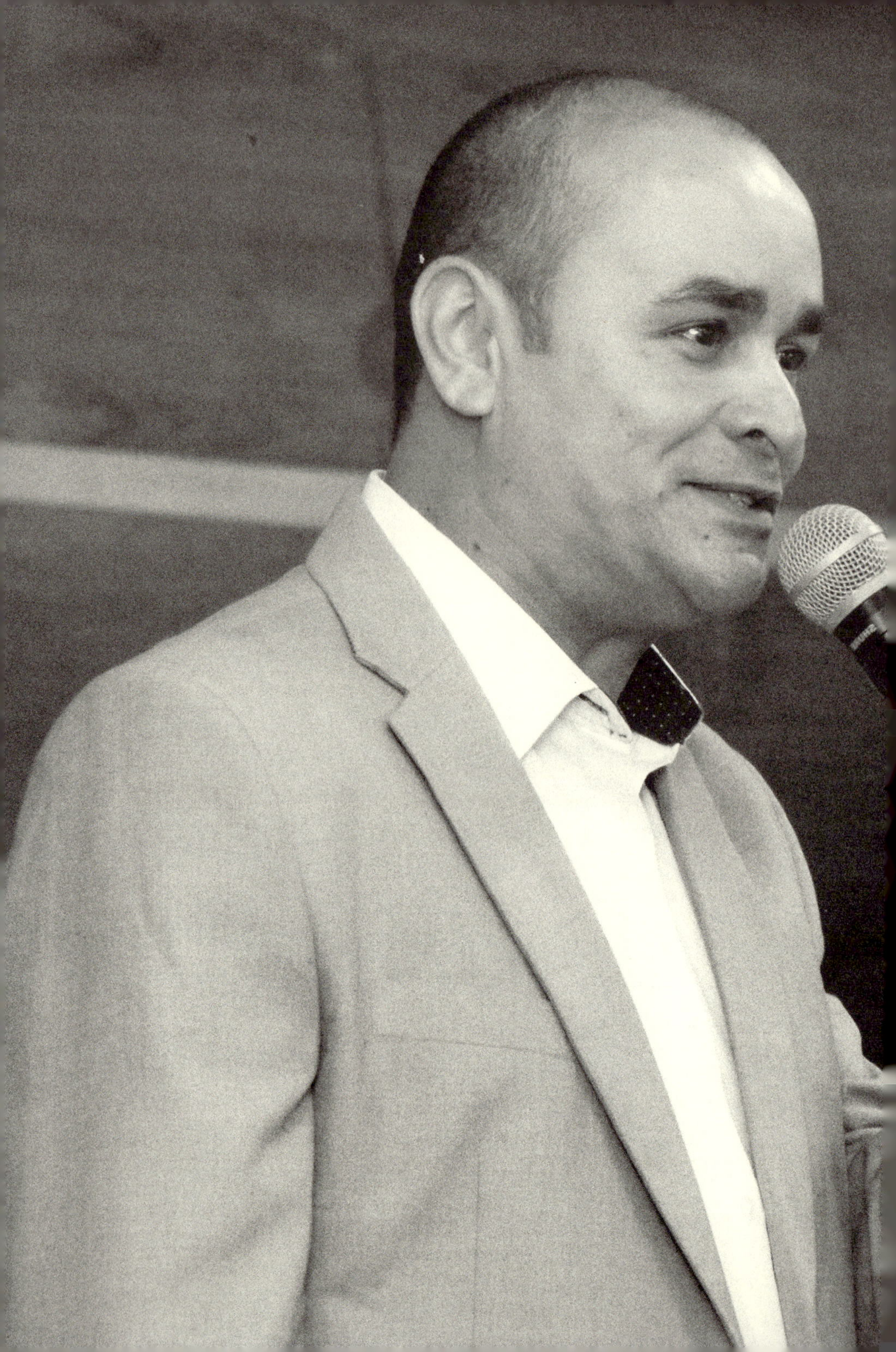

EDILSON MENEZES

Edilson Menezes é consultor literário e idealizador da revisão artística, metodologia premiada que tem revolucionado o conteúdo das obras.

Todo sonho nasce belo e promissor, fruto dos desejos mais profundos que orbitam a existência, o mais precioso dos bens. Ora, se a nossa existência prevê grandes percalços e representa um inegociável recurso finito, é de se imaginar que a trajetória dos sonhos não pode ser compreendida como uma estrada retilínea e previsível.

Insistindo na analogia com a vida finita da qual nenhum de nós pode escapar, a existência há de encarar doenças da infância até o derradeiro suspiro, algumas passíveis de vacina; outras, traiçoeiras e incuráveis. No mundo contemporâneo, uma doença é aquela que surpreende o paciente descuidado, que se recusa ao check-up com regularidade. Da mesma forma que condena os trabalhadores a uma vida de privações, mesmo após anos de duro labor, é resultante de uma desatenção que deriva do fator cultural, familiar ou psicossocial (às vezes, mais de um ou todos eles).

Sem planejamento, todo sonho é utópico e depende da roleta-russa de um cara que, às vezes, não está de bom humor e, não raro, recusa-se a sorrir: o destino.

Sem dedicação, o pobre sonha com a riqueza e o rico sonha com a felicidade. Nem uma nem outra dependem de fatores exclusivamente quânticos. Ou seja, é quase uma equação: quanto maior a capacidade de depositar razão e emoção na conta dos sonhos, maiores serão as chances de evitar os males da modernidade e a pobreza em suas tantas roupagens: financeira, de espírito e de escolhas. Que a trajetória dos sonhos há de vestir essas roupas, ainda que temporariamente, ninguém poderia duvidar.

Na obra que acabou de passar pelos seus olhos e, que bem antes disso, passou pela arte textual, constatei uma positiva mistura entre quem é mais jovem, que vivencia a experiência recente, o frescor acadêmico e mercadológico; e quem é jovem há mais tempo, que carrega o ônus e o bônus da experiência testada e aplicada pela força da dor ou das alegrias, à luz da resiliência.

Positivamente amalgamados, jovens por condição e jovens de coração conferiram a você uma cartilha preventiva. Juntos e aliados, os autores ofereceram algo muito maior do que "caminhos para obter dinheiro". Colocaram nas mãos e no coração dos trabalhadores a chance que muitos não tiveram: discutir abertamente estratégias para evitar a pobreza.

Parcela considerável da sociedade foi convencida a respeito do equívoco. Não obstante, gerou filhos e replicou as crenças. Vamos pensar em um exemplo fictício.

Alexandre foi educado a pensar que a pobreza é sábia e única conselheira. Diversas oportunidades surgiram e ele as ignorou. Na escola, foi convidado a liderar o grupo durante as atividades, mas negou, perguntando-se "quem sou eu para isso?".

Adiante, quando ingressou no mercado de trabalho, bons empregos surgiram e, por falta de preparo técnico (não viu motivos para investir em conhecimento), foi reprovado. Enfim, conseguiu um trabalho interessante após bater cabeça por muitos meses. Com o tempo, promoções surgiram e Alexandre declinou. Na primeira vez, disse "Prefiro esperar outra chance, pois se aceitar, seria um passo maior do que a minha perna". Na segunda, reagiu com o destempero de quem nasceu para sonhar, mas vive para cumprir tarefas "Tô fora, vou acabar acumulando mais responsabilidade pelo mesmo salário".

Enquanto isso, conheceu uma moça e se apaixonou, mas decidiu não levar a relação adiante, dizendo a todos que a moça "Era muita areia para o seu caminhão". Como a vida raramente oferece múltiplas oportunidades, Alexandre nunca se casou, nunca foi promovido e alcançou a sua aposentadoria pela previdência social com todas as privações que se pode imaginar. Isto é, a pobreza marcou sua vida inteira (não a pobreza financeira, mas a pobreza de perspectiva).

Avaliando a doença da pobreza em suas várias faces e o diagnóstico de nosso personagem, podemos aferir que muitos brasileiros se encaixam no perfil de Alexandre. Se você ainda não leu a obra, faça-o. Se já teve a oportunidade, proponho que a releia num diferente momento de sua vida, em busca de novas perspectivas a partir da mesma proposta.

Não subestime a pobreza, que possui facetas mais discretas e letais do que a rasa compreensão de não ter dinheiro. Eduque-se financeiramente, conheça a DSOP e a Abefin, valorize o fato de que o tema educação financeira deixou de ser um recurso opcional e passou a ser considerado crucial aos que são dotados de grandes aspirações.

Não confunda humildade com pobreza. A primeira, positiva, inspiradora e impactante, conduziu os autores ao alcance do sonho literário publicado. A segunda, só possui exemplos que detonaram a humanidade e, cá entre nós, não há sequer um que seja útil à conclusão desse posfácio.